COLLECTION FOLIO

Boileau-Narcejac

Le contrat

Denoël

Pierre Boileau et Thomas Narcejac sont nés à deux années d'intervalle, le premier à Paris, le second à Rochefort. Boileau, mort en janvier 1989, collectionnait les journaux illustrés qui avaient enchanté son enfance ; Narcejac est spécialiste de la pêche à la graine.

A eux deux, ils ont écrit une œuvre qui fait date dans l'histoire du roman policier et qui, de Clouzot à Hitchcock, a souvent inspiré les cinéastes : *Les diaboliques, Les louves, Sueurs froides, Les visages de l'ombre, Meurtre en 45 tours, Les magiciennes, Maléfices, Maldonne...*

Ils ont reçu le prix de l'Humour noir en 1965 pour... *Et mon tout est un homme.* Ils sont aussi les auteurs de contes et de nouvelles, de téléfilms, de romans policiers pour la jeunesse et d'essais sur le genre policier.

A la mémoire de Mabrouk
le chien-loup
qui avait un cœur d'homme.

Chapitre premier

— J'attends quelqu'un ! dit G.

Le garçon s'excuse et G rapproche la chaise. Ne jamais laisser près de lui une place vide que quelqu'un se croirait autorisé à prendre. Au cinéma, toujours s'asseoir au fond, près de l'allée. Prévenir l'ouvreuse : « J'attends quelqu'un ! » Éviter les transports publics. Il y a toujours un taxi à proximité. Ou bien préférer la marche, qui permet de surveiller les alentours. Mais d'un coup d'œil rapide ! G a l'habitude ! De quoi aurait-il peur ? Il a seulement besoin de sentir de l'espace libre, à droite et à gauche. S'arrêter, s'il veut. Ou bien changer de direction. Toujours d'un pas délibéré. Comme quelqu'un qui se promène, qui flâne, qui n'a rien à se reprocher. En ce moment, assis à la terrasse de *L'Univers,* il boit son café paisiblement, suivant d'un regard distrait le mouvement de la rue, le ballet des chasseurs ouvrant ou fermant les portières des limousines, devant le palace voisin. Une Bentley stoppe. Une créature de rêve allonge, pour en sortir, une jambe et une cuisse d'un galbe émouvant. Mais non, G n'est pas ému. La Bentley, la beauté blonde qui s'éloigne, un caniche négligemment serré sous le coude comme un sac à main, tout, il pourrait tout acheter, en dépit de son aspect plus que modeste. Sa joie, à lui, c'est d'être G, une simple initiale, même pas majuscule, un passant à l'identité incertaine, un regard qui voit tout mais que personne ne voit. L'avenue est encombrée de voitures aux galeries surchargées, paniers, vélos d'enfants, chaises longues, planches à voile, tout le joyeux défilé des estivants du mois d'août... G forme de vagues projets. Ce ne sont même pas des projets car il somnole un peu. Simplement les images qui font cortège à une digestion heureuse. La rivière, le soupir amoureux d'une grenouille dans les nénuphars, un chaland à ras bords, avec une femme qui étend sa lessive.

La déflagration éclate soudain, sèche, vibrante, comme un coup de canon tiré sous l'oreille. Il y a une seconde de silence stupéfait. On entend de la vaisselle qui dégringole et c'est l'affreux tumulte qui suit les attentats. Malgré tout son sang-froid, G perd un peu la tête. Il est bousculé par des clients qui fuient, assourdi par leurs cris d'épouvante. Sa table est violemment repoussée, tasse et cafetière balayées. Il est tout de suite furieux. « On n'a pas idée... Oui, c'est une bombe, mais pas ici... à côté... » Il a presque envie de crier « Du calme » mais se ressaisit très vite. Autant que possible, éviter les questions de la police et des journalistes. Ils vont arriver d'une minute à l'autre. G s'époussette. Du verre brisé craque sous les pieds. Dans la rue, le vacarme est celui d'une foule qui manifeste. A peine si l'on entend les premiers appels des prompts secours. G se fraye un chemin parmi les curieux qui ont déjà envahi le trottoir. Il tient son mouchoir devant sa bouche, comme s'il cherchait encore sa respiration, et se faufile entre les voitures arrêtées et les groupes venus aux nouvelles. Il cherche une éclaircie, parmi les dos qui se pressent, les gens qui s'escaladent. Il est petit et se fait refouler avec rudesse. Mais l'arrivée des pompiers et d'un car de police provoque des remous dans la bousculade et G se glisse au premier rang. Il y a, devant l'hôtel, une sorte d'espace interdit qui dégorge de légères fumerolles. Cela sent l'incendie, l'émeute, la guerre civile. La porte à tambour a été disloquée et, dans le vestibule du palace, des silhouettes courent en tous sens, méconnaissables, peut-être un maître d'hôtel cet homme au visage ensanglanté, un client, ce blessé qui semble appeler le bagagiste aux mains crispées sur une valise éventrée. G observe intensément. Il a envie de bourrer sa pipe, mais cela ne se fait pas. On se doit d'appartenir à la foule, de se nourrir de son émotion, de laisser circuler librement, comme un fluide, le sentiment du coude à coude. Mais on a le droit d'interroger ses voisins de rencontre.

— Vous avez vu quelque chose ?

— Je pense bien. Il s'est enfui vers le Rond-Point.

— Qui ça ?

— Le terroriste. Il était déguisé en chasseur.

— Non, non, permettez... Il portait une sacoche.

Des infirmiers courent, dépliant des civières qui soubresautent.

— C'est plein de morts, là-dedans. Pensez ! A l'heure du déjeuner !

Les voix se croisent, se chargent de violence.

— A mort ! Pas de pitié.

G écoute... C'est la première fois qu'il se trouve au cœur de l'événement et le vit à chaud. Il a lu des articles, regardé des images. Ces corps qu'on emporte au galop, ces civières qu'on enfourne dans des ambulances, oui, bien sûr, il y a de quoi frémir, mais pas longtemps et à fleur de peau. Ici, c'est autre chose, à cause des visages hagards, des gémissements de la foule, à mesure que l'on emporte les victimes, certaines à peine recouvertes d'une couverture qui dévoile un pied. C'est le genre de détail qui blesse. G, malgré lui, tire sa pipe et la mâchouille. Une voix à sa droite.

— Le mec, paraît que c'est quelqu'un, dans son pays.

— Quel pays ?

— Ça se trouve quelque part au milieu de l'Afrique. Il était avec sa secrétaire ! Elle aussi y a eu droit. La grenade était attachée au cou du chien. Alors vous voyez le genre de boulot.

G, ce qu'il ne fait jamais, voit la scène. Le criminel franchit la porte à tambour. Il a fixé une grenade dégoupillée au collier. Il désigne au chien sa proie.

— Va vite.

Et le chien bondit pendant que le meurtrier s'éloigne. Une grenade qui explose au milieu d'une foule. G apprécie. Au moins quatre ou cinq morts et une dizaine de blessés. Une boucherie. C'est ça, le terrorisme ! La destruction aveugle ! Employer des chiens ! Ça fait mal au cœur ! Il est profondément troublé, comme un artisan consciencieux en présence d'un travail salopé. La police arrive qui repousse les badauds. Il y a maintenant des officiels qui palabrent, à l'entrée du vestibule. Des flashes. Des photographes qui picorent tous les détails, les débris, le sang, la nourriture des actualités.

G recule, se fond dans la masse. Quelle coïncidence, quand même ! Il aurait pu passer devant l'hôtel juste au moment où l'individu...

Il s'arrête, bourre sa pipe. Le mieux est de prévenir M. Louis. La date a été mal choisie, voilà tout. Il incline le fourneau de sa pipe vers l'allumette. Se peut-il ! Sa main tremble légèrement. Il lui faut deux allumettes... Pourquoi est-il ému ? Le choc, sans doute ! Cette détonation brutale, qui lui a fait trembler les dents ! Pendant une seconde il a cru qu'on venait de tirer sur lui. Bon, c'est une coïncidence ! Il ne va pas se mettre à rabâcher ! Il descend les Champs-Élysées, croisant des passants qui se hâtent vers le lieu du drame. Il s'efforce de marcher calmement. Il ne se pardonne pas d'avoir perdu son sang-froid. Que d'autres paniquent, c'est leur affaire. Mais pas lui ! Surtout pas lui ! M. Louis va se fâcher. Mais quoi ! On n'est pas à une semaine près. Il traverse l'esplanade des Invalides, entre dans une zone de grand calme. On ne sait pas encore, ici, qu'un attentat vient d'avoir lieu. Il y a pourtant des bruits d'ambulance, mais loin et tels qu'on les entend chaque jour. G entre dans un café et descend au téléphone. Il appelle :

— Monsieur Louis ?

Une voix répond : « C'est une erreur. »

Ce sont les manœuvres de reconnaissance habituelles. Il faut dire ensuite :

— De la part de Georges.

Un silence, puis, chuchotée, la voix grave de M. Louis. Il ne laisse pas parler son interlocuteur :

— Je sais, murmure-t-il... L'attentat contre le ministre du Burundi. Et alors ? Ça ne vous concerne pas... Vous avez quatre jours. Et je vous prie de ne plus m'appeler.

Il raccroche. Inutile de parlementer. Il n'en démordra pas. Quatre jours pour mettre au point une opération aussi délicate ! C'est vraiment gâcher le métier. Mais, d'un autre côté, cela permettra d'agir, d'enchaîner un geste après l'autre et d'allumer la pipe avec une seule allumette. A partir de maintenant, il n'y a plus une minute à perdre. D'abord, louer une voiture. G a un abonnement chez Avis. L'affaire est vite réglée. Une Peugeot blanche, impeccable. Les papiers sont en règle. G a choisi ceux de Georges Vallade, professeur à Nantes. Grâce à M. Louis il possède plusieurs identités. Presque chaque matin, par jeu, il choisit sa personnalité du jour. Il est voyageur de commerce ou employé de librairie ou ingénieur en congé. Malheureusement, il ne peut pas changer de visage. C'est toujours la même photo qui sert. Elle n'est pas très nette, exprès. Un visage étroit, aux yeux qui regardent ailleurs. G est n'importe qui. Aucun signe distinctif. Il part au volant de sa Peugeot et trouve, par chance, un créneau près de la gare de Lyon. Maintenant, tout ce qu'il fait est routine. Il aime bien recommencer les scénarios qu'il connaît par cœur. Et même il serait heureux, de son petit bonheur quotidien, s'il n'y avait pas eu cette grenade qui a fait comme un grand trou en plein milieu de sa journée. Une horreur à laquelle il ne faut plus penser.

La gare grouille de gens pressés. G se dirige vers la consigne. Il tient la clef du casier qu'il a reçue la veille, par la poste. M. Louis prétend que c'est le procédé le plus sûr. Il cherche à peine. C'est toujours un des casiers du bas de la rangée qui est choisi.

Manie ? Précaution ? Superstition ? Ou peut-être une façon de mettre G en confiance. « Vous voyez ? Tout se passe bien ! » G ouvre l'étroit tiroir métallique qui contient le sac de golf, garni d'une riche collection de clubs. Il le retire, sans un regard pour le voisinage. Il est un paisible vacancier qui part pour les greens. Il empoigne solidement le sac hérissé de têtes plates comme des têtes de cobras. Au poids, il sent tout de suite que l'arme est cachée là, comme d'habitude. Il s'éloigne en sifflotant. Toujours se conduire comme si l'on était surveillé, mais chacun, en ce moment, court à son plaisir. Le sac est rangé dans le coffre, très doucement à cause de la lunette de visée. C'est M. Louis qui se charge du fusil. Depuis le temps, il n'a jamais commis une erreur. Une fois que G a choisi l'arme en fonction de son futur usage, tout le reste, ce que G appelle l'intendance, incombe à M. Louis. G n'a jamais cherché à comprendre comment il s'y prend. D'où vient le fusil, qui le récupère et le fait disparaître, cela ne le regarde pas. Tout ce qu'on exige de lui, c'est qu'il loue son œil sans poser de questions. Il vient, il vise, il tire une fois, rarement deux, et disparaît. Le reste regarde les journalistes. G ne lit même pas toujours la presse. Tout ce qu'il sait, c'est qu'il est intervenu pour trancher une querelle. Il n'a pas à prendre parti dans ces affrontements d'intérêts qui opposent les puissants. On le paye. Grassement. S'il bronchait, s'il manifestait de la curiosité, ou de l'indépendance, alors sortirait de l'ombre un autre tireur qui rétablirait l'ordre. Quoique... G sourit. Un autre tireur, il n'y en a pas à la douzaine... On doit même les compter sur les doigts d'une main ! Ou alors il faut lancer sur la proie choisie des illuminés prêts à se faire sauter eux-mêmes... ou bien sacrifier des chiens et ça, c'est l'abomination...

G se dégage et démarre. Pourquoi, l'abomination? Parce que... Au fond, parce que l'adresse du tireur transforme le crime en prouesse alors que cette grenade au cou du chien, c'est à vomir. Une balle, une seule, en pleine tête, et cela suffit à faire de la victime une sorte de collaborateur, quelque chose comme l'auxiliaire d'un prestidigitateur. On s'attend presque à voir le mort se relever et saluer. Tandis que cette agression aveugle qui éclabousse les murs... non, ce n'est pas supportable.

Il conduit très sagement, comme toujours. Les rues sont presque vides, du côté de Montmartre. Il habite un petit meublé, rue Fontaine. En cette période de vacances, on a toute la place qu'on veut. Il stoppe en face de chez lui, médite un peu avant de sortir. Le terrorisme c'est vraiment la forme la plus grossière, et pour un peu il penserait « la plus mal élevée » du meurtre. Là, il s'embrouille dans ses réflexions. Il sent confusément qu'il y a une différence de nature entre la purée d'entrailles d'un massacre et l'orifice à peine sanguinolent d'un projectile. Mais ce qu'il commence à comprendre, c'est que la destruction massive, en se substituant à l'exécution fine, est en train de supprimer son métier. La mécanique à tuer risque de remplacer la main de l'artiste et non seulement il n'y aura plus de contrats, mais on s'arrangera pour éliminer les vieux serviteurs devenus inutiles et dangereux. Au fond, cette coïncidence qui a fait si bizarrement se croiser les routes de deux bourreaux, c'est un signe des temps. La vieille technique et la jeune école.

Accablé, G sort de la voiture et met à l'abri le sac de

golf. Quatre jours ! M. Louis ne sait plus de quoi il parle. G, tout en se déshabillant, continue à réfléchir. Il a chaud mais la douche ne lui procure qu'un rapide soulagement. M. Louis aussi a changé. Autrefois il était différent, malgré la brusquerie de ses manières. Il savait à qui il parlait. Et n'imposait pas encore de ces délais ridicules qui rendent le travail si difficile. On avait carte blanche. On prenait le temps qu'il fallait pour étudier le terrain, les habitudes du condamné. L'honneur professionnel voulait qu'il n'eût pas le temps de souffrir. On choisissait l'arme, longuement, comme un musicien qui hésite entre plusieurs instruments.

G se frotte à l'eau de Cologne. Il aime avoir la peau bien sèche, afin de n'être pas gêné par le frottement de la chemise. Il repense à M. Louis. D'où vient qu'il est devenu brusquement cassant ? Et qu'il s'occupe des détails qui ne le regardent pas ! Et qu'il prépare un dossier sur chaque affaire à traiter, alors qu'auparavant il ne se mêlait pas de donner son point de vue, et qu'il conseillait presque la manière de s'y prendre. Et le règlement du contrat ? Il n'y a pas si longtemps, il envoyait par la poste, en liquide, dans des boîtes en carton soigneusement calibrées, la moitié de la somme due, l'autre moitié venant après. Maintenant, depuis qu'il a fourni d'autorité à son employé des identités variées, il verse directement au compte de Georges Vallade, ou de Frédéric Collin, ou de Marcel Rivoire ou de deux ou trois autres, des chèques confortables, bien sûr, mais qui font sentir qu'on est dépendant, et c'est bête et humiliant.

G bourre sa pipe, tout en se promenant dans son petit appartement, un trois-pièces de célibataire sommairement meublé. Sa vraie maison, c'est la fermette qu'il a préparée pour sa retraite à l'insu de tous, comme un renard qui aménage sa tanière, en bordure de la forêt du Gâvre. A deux kilomètres, le minuscule village de La Touche-Thébaud, et la rivière. Une campagne perdue. Cependant tout le confort. Il va y passer l'été, aussitôt après le contrat en cours. Au fait, ce contrat !

Il va chercher, dans le tiroir de son bureau, le paquet qui contient toutes les instructions. Il s'assied dans son fauteuil et, avec précaution — il fait tout avec précaution —, il manie son coupe-papier de manière à ne pas déchirer l'enveloppe. Il en extrait un plan d'une extrême précision. La villa du président Langlois s'élève à mi-pente, dans le quartier neuf du Mont-Chalusset. Les dimensions de la propriété sont indiquées, l'orientation des pièces, leur usage, les distances entre la terrasse, l'allée principale du jardin et le chemin privé qui mène à la rue. La villa *Les Troènes*. On ne peut pas se tromper. Le président est arrivé deux jours avant, pour un séjour d'un mois. Il a soixante-huit ans. Il est veuf et vit seul, comme un vieux misanthrope. Chaque matin une femme de ménage vient nettoyer, balayer et faire les courses. Il souffre de l'intestin. C'est le chasseur de l'hôtel voisin qui lui monte l'eau de la source. M. Louis a loué une villa, *Les Tulipes,* qui est construite de telle sorte qu'elle permet de découvrir la terrasse et le jardin du président. Il est facile de comprendre pourquoi il a choisi cet observatoire. La clef des *Tulipes* est jointe au paquet. G n'aura qu'à s'installer, comme si la maison lui était prêtée par le locataire. Félicien Boyard. Tout est en règle. G ne surprendra personne s'il ne fait que passer. Aucun voisin ne s'étonnera. Le réfrigérateur est garni. Il y a un poste de télévision dans le living. Si nécessaire, G doit savoir qu'il s'appelle Marcel Rivoire pour ce déplacement. Il est conseillé d'abattre le président lorsqu'il se promènera dans le jardin. Plus bas, à droite comme à gauche, ce sont des hôtels dont les occupants passent le plus clair de leur temps autour des sources, si bien que le locataire des *Troènes* se trouve pratiquement dans un isolement presque complet.

M. Louis a le toupet de conclure : *Travail facile : prière d'enlever tous les papiers et de les envoyer par poste, en recommandé.*

L'enveloppe contient encore un dépliant de Châtelguyon. Des flèches à l'encre rouge indiquent le chemin à suivre pour arriver facilement aux *Tulipes*. G a traversé la ville, autrefois. C'était du temps de Monica. Il se souvient de tout mais il n'a pas le temps de rêver.

S'il veut arriver dans la nuit à Châtelguyon et s'installer sans bruit, il n'a pas une minute à perdre. Il est semblable à un soldat en permission, tout son barda bouclé. En un clin d'œil, il est prêt à partir. Il récapitule : du linge de rechange, une trousse à pharmacie, une boîte de maquillage qui d'ailleurs ne sert jamais, un blouson, un pantalon muni de poches, un peu partout, des baskets, dix mètres de corde de nylon, et puis, à tout hasard, son petit nécessaire de cambrioleur... C'est à peu près tout... Le sac de golf bien sûr et, le principal, le fusil. Il le sort du sac, met en place le viseur et le silencieux, essaye l'arme dont les déclics jouent avec un bruit clair, et machinalement l'épaule et la tourne vers les maisons d'en face, dont tous les volets sont clos. L'image bien mise au point, la rue, comme dans une paire de jumelles, semble venir au contact de ses yeux. Il y a une moto, devant la boulangerie. Il essaye de l'immobiliser au centre du collimateur, à l'endroit où apparaît la croix qui marque le cœur de la cible. Elle bouge, la moto est un peu à côté du repère. Elle fait exprès de se déplacer. G abaisse le fusil, se masse les yeux puis recommence. Il comprend, cette fois. Sa main a tremblé. La main gauche, celle qui soutient le fusil et qui doit avoir la fermeté d'une fourche d'acier. Oh ! c'est à peine si elle tremble, juste assez pour que le but visé semble s'échapper tout doucement, oscille tout autour de l'intersection des lignes. Surtout ne pas se crisper, chercher une autre assiette sur les jambes, ramener progressivement le canon vers l'objectif, sans hâte et comme en le promenant. S'il fallait tirer à quinze ou vingt mètres, la précision serait suffisante ! Mais il faudra peut-être faire feu à une cinquantaine de mètres et alors un écart imperceptible au départ provoque un désastre à l'arrivée. Autant se servir d'une grenade. A nouveau, il entend, dans sa tête, l'explosion. Voilà des heures qu'elle est là, comme une migraine. Il fait semblant de vaquer paisiblement à ses préparatifs mais elle bat dans ses oreilles et maintenant elle harcèle son bras, elle hante sa lunette, elle le désarme. Il est à peu près sûr que ça va passer. Jamais, vraiment jamais, ses mains ne l'ont trahi. Il pose la carabine sur le divan-lit et se frotte les doigts, tire dessus, les fait craquer, ouvre et ferme rapidement les poings. Puis il flatte, caresse la fidèle mauser, sa préférée, qui, à deux cents mètres, place une balle dans une cible pas plus large que l'ongle du pouce.

Pas le moment de flancher. La grenade, bon, et alors ? Cela se passait ailleurs, dans un monde parallèle. Il étend devant lui ses deux mains bien à plat, comme s'il se préparait à prêter serment. Elles restent immobiles, côte à côte. Pas le moindre frémissement. Ce sont ses mains de toujours, celles qui sont célèbres dans l'entourage de M. Louis. Mais, par un excès de zèle, G va les laver à l'eau tiède puis les arrose d'eau de Cologne.

Et maintenant l'arme à l'épaule. Souples, les poignets. Le viseur balaye la rue, s'immobilise sur la moto, semble se concentrer sur le milieu du guidon. Là ! C'est le millième de seconde où il faut manœuvrer la détente. Eh bien non, car déjà le fusil semble s'intéresser au petit compteur de vitesse situé en bout de guidon : ramené en arrière, il veut bien recommencer son lent glissement vers la droite. Il suffit qu'il s'arrête le temps d'un soupir sur le point choisi. Malheureusement, il ne s'y arrête pas. Stop ! Retour au point de départ, et c'est fini ! La main s'affaisse un peu sous le poids de l'arme. La moto sort du champ. Pas la peine d'insister. C'est raté.

Un peu de sueur mouille les tempes de G. Le poids de l'arme, c'est vite dit. Elle est plus légère que ses rivales. A peine 4,5 kg. C'est même pour ça qu'il l'a choisie. Il ne peut cacher qu'il est inquiet. Il doit être dans quelques heures à Châtelguyon mais, une fois à son poste de tir, que se passera-t-il s'il est impuissant ? C'est cette image qui lui vient à l'esprit. Il a un rendez-vous, là-bas. Et il se représente sa victime lui criant : « Ça vient ? Qu'est-ce que vous attendez ? »

Il s'assied lourdement les mains sur les genoux. Et voilà que sa main gauche est reprise d'un tremblement. Le médius et l'annulaire soubresautent. G essaye d'intervenir ; il fait appel à sa volonté. Mais sa main ne lui obéit plus. Elle a subitement conquis une sorte de liberté tapageuse... elle se soulève puis se couche, frémit, se met à pianoter et G, effrayé, est obligé de l'empoigner avec l'autre main, de la serrer contre sa poitrine, en répétant : « Qu'est-ce qui nous arrive ? » Et soudain il se décide. Il cherche l'adresse du docteur dans le Bottin. Attention, il est ici Georges Vallade. Au fond, est-ce bien utile ? Le tremblement a cessé. Pourtant il s'entête. Il veut en avoir le cœur net. Tout de suite !

— Allô ? Je suis bien chez le Dr Nguyen Ho ? Est-ce qu'il pourrait venir me voir ? Georges Vallade, rue Fontaine, au-dessus du marchand de musique...

— C'est pour quoi ? demande le docteur.

— Je ne sais pas. Ça me tient dans une main.

— C'est bon. J'arrive. Vous avez de la chance que mes clients soient tous en vacances.

Il rit et G reprend courage. Tant pis s'il paraît ridicule. Il a d'abord besoin d'être rassuré.

Chapitre 2

Tout ce qui lui arrive c'est sa faute. S'il avait moins négligé son entraînement !... Mais voilà ce que c'est : on se croit un surhomme et puis... Le mot le fait sourire. Un surhomme, avec ses cinquante-deux kilos et sa taille de jockey ! Oui, mais il y a ce regard aigu de rapace, qui sait fouiller, noter chaque détail, le mettre en mémoire, comme le ferait un ordinateur, un regard qui, décuplé par le verre grossissant du viseur, déclenche la foudre et la plante au but infailliblement. Cela donne l'illusion d'être invincible. On oublie que l'œil, et le bras, et le doigt s'usent un peu plus, de mois en mois, que leur fragilité doit être écoutée, testée, surveillée non seulement grâce à des exercices quotidiens, mais en outre grâce à un régime alimentaire strict, à des habitudes de vie régulières. Si l'on veut demeurer un monstre d'adresse, si l'on tient à rester le virtuose de la mort instantanée, il faut travailler, répéter, dresser chaque muscle à se figer, au commandement, dans une immobilité de pierre. G, plus d'une fois, a envié les tireurs d'élite de la gendarmerie qui ont un stand spécial au fond duquel défilent des silhouettes, et ils font feu à volonté, tantôt à la carabine, tantôt au revolver, en rafales ou au coup par coup. Ils font leurs gammes et pourtant le plus doué d'entre eux n'aura jamais la vitesse et l'espèce de grâce inspirée qui, par quelque caprice d'hérédité, est venue jusqu'à lui de son ivrogne de père. « Les Buffalos. » Des affiches en rouge et noir, le père costumé en chasseur, foudroyant un énorme éléphant, mais cela, c'était autrefois, le fond d'autrefois, quand la famille disposait d'une luxueuse roulotte derrière le cirque dont le groupe électrogène tournait jour et nuit. Après, les affiches ont été de moins en moins racoleuses, et puis elles ont disparu. Et les Buffalos ont cédé la place à « Tom le Gaucho ». Et puis le Gaucho a cédé à un autre sa Winchester et ses coutelas... mais à quoi bon laisser sortir de leur grenier ces défroques de souvenirs. Il serait temps qu'il arrive, ce médecin de quartier. Le remède est simple ! Reprendre l'entraînement le plus vite possible. Dans la forêt du Gâvre où ne passent, de loin en loin, que des bûcherons. Les détonations sont tout de suite étouffées par le silencieux. On ne dérange même pas les écureuils. Et, pour le revolver, il y a, à côté, la cave spacieuse et sourde du Cosmos, la boîte de nuit en faillite. Mais d'ailleurs G a devant lui toutes les vacances car les contrats ont tendance à se faire plus rares et ce petit tremblement sera guéri. Malgré tout, G a hâte de savoir. Il court ouvrir au médecin, un homme jeune, d'allure sportive, habillé en joueur de tennis.

— Excusez-moi, dit le docteur. En ce moment, j'ai des loisirs et j'en profite pour jouer deux ou trois sets.

G le fait entrer dans le living, où il a tout remis en ordre.

— Alors, reprend le docteur, ce bobo ?

— Ma main. Elle tremble.

— Montrez !

Par chance, elle consent à s'agiter d'une manière désordonnée. Le médecin la palpe, tire sur les doigts, examine le poing fermé puis la main s'ouvrant lentement.

— Tendez le bras. Essayez de rester immobile. Je vois. Vous ne buvez pas ?

— Non.

— Pas de drogue ?

— Absolument pas.

— Quel est votre métier ?

— Représentant de commerce.

— Vous circulez beaucoup ?

— Encore assez.

— Quel âge avez-vous ?

— Tout près de quarante-six ans.

— Marié ?

— Non.

— Une amie ?

— Non.

— Vous avez fait une dépression, ces temps derniers ? Remarquez que ça ne signifie rien, une dépression. Je veux dire, êtes-vous sous tranquillisants ?

— Non.

— Pouvez-vous me donner un morceau de ficelle ?

— Bien sûr.

G va dans la cuisine et apporte une pelote.

— Vous en coupez une cinquantaine de centimètres. Là ! Comme ça ! ça ira. Ce morceau, vous le coupez en deux, maintenant, et vous placez les deux bouts côte à côte, sur la table. Maintenant, vous faites un nœud pour les réunir. Parfait. Vous êtes gaucher.

C'est votre main gauche qui s'est mise en mouvement la première et vous voyez, le pouce et l'index n'arrivent pas du premier coup à saisir la ficelle. L'index pioche, rate, s'énerve et ça y est, le tremblement s'amorce, gagne les autres doigts. Inutile de continuer car votre main droite, à son tour, va se raidir, et vous ne pourrez nouer les deux morceaux de ficelle qu'après plusieurs essais qui vous mettront en rage.

Il y a un silence. Enfin, G se risque à poser la question.

— Ça veut dire que je suis parkinsonien ?

— Mais pas du tout. Je ne vais pas vous faire un cours, mais on sait que le tremblement parkinsonien est un tremblement de repos, qui apparaît après un effort, tandis que le vôtre ne se manifeste qu'au début de l'effort, justement, quand vous demandez à votre main de s'ajuster sur un objet. Alors, pas de panique. Ça se soigne très bien. Il y a longtemps que ce tremblement est apparu ?

— Non.

— Quand ?

— Quelques jours.

— A la bonne heure. Vous êtes le patient rêvé. C'est venu comment ? A la suite d'une émotion ? Ou d'une période de fatigue. Voyons votre tension.

Il déballe son matériel, s'empare du bras de G.

— 11-7. Ce n'est pas merveilleux. Il va falloir d'abord vous requinquer un peu. J'ai aperçu une valise, dans l'entrée. Vous partez en voyage ?

— Oui.

— Bientôt ?

G n'ose pas répondre : Tout à l'heure. Il dit : Demain.

— Vous allez loin ?

— Vichy.

— Ça ne va pas vous arranger. 600 kilomètres de bouchons ! Là-bas, consultez un neurologue et accordez-vous un mois de relaxation. Mais surtout ne vous inquiétez pas. Vous feriez un métier de précision, ce serait autre chose, mais vous vendez quoi ?

Heureusement, G a l'imagination prompte.

— Des outils de jardinage ! dit-il.

— Parfait.

Il regarde l'heure, s'excuse, tire un formulaire de son attaché-case et un stylo-bille, s'assied sans façon devant la table.

— Trois comprimés de Trivastal par jour, mais surtout voyez un neurologue. Nom ? Prénom ?

G hésite. Le trou de mémoire. Le médecin l'observe et remarque avec bienveillance :

— Vous êtes vraiment fatigué.

— Georges Vallade ! s'écrie G. Et merci d'être venu si vite.

Il l'accompagne jusqu'au palier, revient s'asseoir. Pourquoi, un neurologue ? Il regarde sa main avec dégoût, comme si elle ne voulait plus reconnaître son maître. Mais quoi ! Ce n'est pas le moment de s'attarder. Il faut partir. Là-bas, le président Langlois attend.

Il est 5 heures. G réfléchit encore. Partir ? Ne pas partir ? D'un côté, rater Langlois. De l'autre, déchaîner la colère de M. Louis ! Il ouvre sa main, la referme plusieurs fois. Quoi ! Elle fonctionne, cette main ! Assez pour soutenir pendant quelques secondes un fusil. Impossible de reculer maintenant !

G, pour se donner l'assurance qu'il a tout prévu,

range aussi, dans le sac, son Smith et Wesson, calibre 38, le modèle appelé Terrier Double Action, un revolver plus redoutable qu'une carabine, à courte distance. Et puis, réflexion faite, il ajoute ses jumelles de turfiste. Sur son lit, il déploie la carte routière. Le trajet est direct pour Clermont-Ferrand par Moulins et Riom. Il sera à Châtel au petit matin. Tant mieux. C'est bien rare si, du côté de Nevers, il ne trouve pas une station-service ouverte toute la nuit, pour manger un sandwich et boire un café. Le temps est beau. Et puis, ce qui résume tout, il échappe au parkinson. Il retrouve peu à peu sa confiance. Encore un coup d'œil sur son matériel, la lunette dans sa peau de chamois, le fusil dans son étui, bien caché parmi les clubs, les cartouches au fond, les boîtes reliées entre elles par des bandes de caoutchouc pour éviter le jeu. On peut y aller.

Il ferme les fenêtres, les portes, les compteurs. L'auto est devant la maison. Peu de circulation. Deux ou trois cars de touristes, qui montent à Pigalle. Il dépose valise et sac à côté de lui, à la place du passager, et les ceinture. Un court recueillement. L'explosion de la grenade est toujours là, dans sa tête, mais simplement comme le souvenir d'un bruit. Et ce voyage sur les routes de l'été, quoi qu'en dise ce médecin, n'est pas désagréable. Il démarre doucement, sélectionne sur la radio France Infos et écoute. C'est le meilleur moyen de savoir en raccourci où en est l'enquête. Il ne tarde pas à l'apprendre. La victime visée était un haut fonctionnaire de l'ONU. Autour de lui, deux morts, sa secrétaire et une femme de chambre. Le terroriste tenait dans ses bras un caniche, ce qui lui donnait l'air inoffensif. Le chasseur, qui a reçu un éclat dans la jambe, a vu toute la scène. L'homme a déposé à terre le caniche et lui a montré du doigt quelqu'un en criant : Va, va vite. On a appris, depuis, qu'il s'agissait du chien de la secrétaire.

Il s'est précipité vers sa maîtresse qui marchait auprès de son directeur, et ce fut le drame, qui n'a pas encore été revendiqué. Le terroriste s'est perdu dans la foule. Naturellement, aucun signalement précis. Le chasseur en état de choc n'a donné que des renseignements confus.

Attention ! Il y a une voiture de police qui a demandé le passage. G la laisse filer devant lui. Aux sorties de Paris, ça doit grouiller de flics mais il y a trop de circulation pour qu'on puisse fouiller tous les véhicules. G tâte son portefeuille, à travers le veston. Georges Vallade, etc. Tout est en règle. Bizarrement il a retrouvé tout son calme. Ses mains reposent paisiblement sur le volant.

La source du mal est dans la tête. C'est dans la tête que ça tremble. G veut bien prendre du Trivastal, mais il sait, d'une certitude soudaine, qu'il est pour ainsi dire en ordre de marche comme une machine dont les rouages ne se grippent que si le conducteur se laisse distraire. Il ferme la radio et, pour se prouver qu'il n'a pas besoin d'un médecin, il bourre sa pipe de la main gauche ; le plus dur est de tasser le tabac dans le fourneau, l'index replié en force. Puis d'amener du tableau de bord l'allume-cigares incandescent jusqu'à la pipe. Les doigts n'ont jamais été aussi dociles. Ne pas oublier qu'autrefois on a failli choisir d'être illusionniste. « Il a des mains de magicien », disait Ricardo... G lâche une savoureuse bouffée. Il fait bon rêver, quand on roule. Même si l'on est coincé dans une file, une caravane devant, une bétaillère derrière. Brave Ricardo ! Aussi célèbre que les Buffalos, au cirque de l'Univers. Il jonglait. Il s'en souvient avec émerveillement. Il pouvait se saisir de n'importe quoi, et cela partait dans les airs, avec des bouteilles, des chapeaux, une godasse de l'Auguste, le bandonéon du clown blanc. « Confie-moi ton gosse ! » répétait-il. Les Buffalos, père et mère, n'étaient pas d'accord. Le père, surtout, dont les programmes affirmaient qu'il était le meilleur tireur de l'Ouest. « Il a l'œil ! » disait-il, en parlant du petit. « Oui, répondait Ricardo, mais il a aussi la main. »

Et maintenant G se dirige vers Montargis, avec ses armes et son ordre de mission. C'est la vie qui a choisi ! pense-t-il, et me voici chargé d'un nouveau contrat. Si j'essaie de compter, j'en suis à une bonne douzaine. Douze contrats ! Il aime ce mot. Il le répète. Cela fait commerçant, et même négociant, et de toute façon quelque chose d'honorable. Pour les petites affaires courantes, M. Louis dispose de pauvres bougres d'intermédiaires qu'on jette après usage. Mais les spécialistes, ceux qui forment l'élite de la profession et qui d'ailleurs ne se connaissent pas... on ne les devine qu'à leur toucher, l'agression à bout portant, l'étranglement, la noyade, et l'on se dit : ça, c'est le Nantais, ou le petit Quinquin... ceux-là ne se galvaudent pas et seuls les anciens peuvent se vanter d'avoir été engagés — mais à prix d'or ! — plus d'une douzaine de fois. C'est pourquoi il ne peut être question de discuter avec M. Louis. Il a fixé un délai. Bon ! On s'incline, main ou pas main, tremblement ou pas tremblement. Et s'il n'y a pas moyen de faire autrement, pour la première fois, tant pis, on tirera deux balles et peut-être trois.

Par la vitre entrouverte, G respire le vent du crépuscule, qui sent l'herbe. Il surveille la route, de temps en temps se masse la nuque mais ce n'est pas encore l'heure de la fatigue. Il a momentanément poussé sa pipe éteinte dans la boîte à gants. Machinalement, il reprend les informations. De son point de vue, rien de neuf. L'assassin court toujours. Il y a une déclaration solennelle du premier ministre. La police est sur les dents. Un député de l'opposition énumère tous les attentats qui sont restés impunis. La mort du président Langlois va encore ajouter à la pagaille. Ces réflexions se succèdent paresseusement dans son esprit. Grâce aux précautions prises par M. Louis, il se sent à l'abri. Qui est le président Langlois ? C'est le genre de question qui ne le passionne pas. Il y songe comme à la définition d'un mot croisé : chercher un mot de 4 ou de 5 ou de 6 lettres. Aucun intérêt. Si on l'appelle président, ce vieux bonhomme, c'est sans doute qu'il est P.-D.G. d'une société. S'il avait une quelconque importance, la police garderait l'œil sur lui. Cela n'aurait pas échappé à M. Louis.

G change de chaîne. Il cherche de la musique. Pas de la musique classique qui a toujours l'air de jouer des menuets. Mais pas non plus de ces machins tonitruants qui vous cassent les oreilles. Il aimerait entendre des chansons d'autrefois. Il ne déteste pas les chansons d'amour. Elles lui rappellent des choses. Combien a-t-il eu de femmes ?...

Coup de frein le long de la file. Ça y est. Le barrage ! Juste au moment où s'embrase le ciel du soir, où l'on ne sait pas encore si l'on doit allumer les phares ou les codes. On se sent en faute. Chaque C.R.S. paraît menaçant, braque sa lampe électrique à l'intérieur des voitures. G respire la bonne foi sous le rayon de la torche.

— Allez ! Avancez !

A peine surgi, le danger est déjà dépassé. G a quand même eu peur et tout de suite il remarque que sa main tremble, sur le volant. L'émotion ! Ses nerfs flanchent. Ce n'est pas possible ! C'est trop bête ! Il s'en veut. Il s'insulte. Puis il stoppe sur une aire de repos et il respire lentement, comme un coureur surmené qui s'efforce de récupérer. Il réfléchit sur son cas. Tout a commencé quand il lui a fallu deux allumettes, après l'attentat, pour allumer sa pipe. Donc, ce spasme nerveux est en liaison avec l'explosion de la grenade. Se peut-il qu'au moment où elle tuait trois personnes, elle l'ait irrémédiablement blessé ! Jamais M. Louis ne lui pardonnerait cette faiblesse. Avec lui, pas d'excuses, pas de malaises, pas de migraines, pas de vertiges. Une carabine n'a pas d'états d'âme.

G essuie son visage en sueur. Suivre un traitement, oui bien sûr, mais après l'exécution, et sans que cela se sache. Il n'est plus très loin de Nevers. La circulation est moins dense. Il étudie la carte. Moulins... Saint-Pourçain. Comme cela lui paraît encore loin, Châtelguyon !

Peut-être qu'il est trop vieux ? Ce léger dérèglement de ses réflexes, c'est peut-être cela le premier signe. Il bourre sa pipe. Il a le temps, pourvu qu'il arrive aux petites heures, quand les curistes seront tous endormis. La question qu'il n'aime pas se poser, pourquoi ne pas l'examiner maintenant, tout en faisant quelque pas pour se dégourdir les jambes ? Il y aura bien un moment où M. Louis renoncera à l'employer, mais se contentera-t-il de ne plus lui donner signe de vie ? Plus de téléphone ! Les jours passeront comme ils s'écoulent, dans la grisaille de l'ennui, pour les acteurs qui ont vieilli. Peu vraisemblable ! M. Louis est bien trop prudent. On ne laisse pas un homme de main mûrir des pensées de rancune et prendre ses précautions, par exemple sous la forme d'un document contenant certaines révélations. Il est toujours facile de trouver un notaire complaisant qui accepte de transmettre au Procureur de la République une lettre accusatrice. M. Louis n'est pas de ceux qui font confiance. Qu'on n'exécute pas ses ordres dans le délai fixé, ou bien qu'on commette une maladresse, et c'est le commencement du soupçon. « Dommage, pensera M. Louis, un garçon tellement doué. » Et il saura très vite mettre au point quelque tortueuse machination qui prendra au piège, à l'improviste, le gêneur. G garde en mémoire certaines disparitions mystérieuses... Le Stéphanois, par exemple. Il possédait le secret d'une prise de catch qui ne pardonnait pas. Les journaux parlaient-ils d'un homme tué par rupture du cou, on savait aussitôt que le Stéphanois était passé par là ! Et puis ce genre de mort cessait d'apparaître dans les faits divers et il était inutile de chercher pourquoi.

Les voitures défilent toujours. Parfois, deux, trois, s'arrêtent, lâchent des gens qui courent vers un arbre, une haie.

« Belle nuit ! » dit quelqu'un, en se reboutonnant. G se retrouve seul. Il est fatigué mais ne tremble plus. Il réfléchit, en regardant les étoiles. Peut-être M. Louis a-t-il déjà en tête la façon la plus adroite de se débarrasser de lui ! G agite cette idée pour rien, pour se prouver par jeu qu'il est capable d'envisager le pire, sans se troubler. D'accord ! M. Louis marque un point, à cause de ce stupide tremblement. Mais tant qu'il l'ignorera, G restera son agent préféré. Et la preuve que M. Louis lui donne encore une fois sa chance, c'est le soin avec lequel il a tout préparé, tout prévu. Mais quand même ! Au retour, G commencera à méditer une riposte, à tout hasard. G remonte en voiture. Cette courte halte lui a été profitable. En ce moment, le président Langlois dort. Ou bien peut-être est-il de ces insomniaques qui lisent une partie de la nuit. « Je vous promets que vous ne sentirez rien ! » murmure G.

Après Saint-Pourçain le jour se lève, dans les brouillards de l'aube. On devine, devant soi, de confus profils de montagnes. G commence à être noué de crampes. Il repasse, de mémoire, son itinéraire et surveille les poteaux indicateurs. Voilà enfin Riom puis la bifurcation sur Châtelguyon. Les avenues sont désertes. Les curistes dorment. G roule doucement, en cherchant le nom des rues. Il faut quitter l'avenue Baraduc avant le casino. Des jardins. Des hôtels, encore du brouillard. Prendre le chemin neuf après l'hôtel *Bellerive*. Et voici *Les Troènes*. Une belle villa, au fond d'une allée fermée par une grille. Il suffit de parcourir encore une cinquantaine de mètres. Le chemin tourne et s'arrête devant *Les Tulipes*. Sans bruit, G descend. Il a froid aux mains et marche un peu pour se déraidir.

M. Louis n'a pas menti. *Les Tulipes* dominent *Les Troènes*, dont on aperçoit les fenêtres du premier étage, en léger contrebas. Rapidement, G explore le terrain.

Il sera obligé de laisser sa voiture devant *Les Tulipes*, mais, en faisant demi-tour, il n'aura qu'à suivre la pente, moteur coupé et départ silencieux. Il ouvre la porte de la maison, avec la clef envoyée par M. Louis, visite sans bruit le rez-de-chaussée. Comme les volets sont fermés, il peut allumer l'électricité. Tout est simple et propre. Comme promis, le réfrigérateur est garni, lait, biscottes, jambons, fruits, de quoi subsister incognito si c'est nécessaire. Le premier offre deux chambres. Un lit-divan déjà préparé, table, chaises, fauteuil, armoire, le cabinet de toilette est bien équipé et G ne résiste pas au désir de se laver les mains à l'eau chaude. Puis, soudain, il se laisse aller sur le divan. Volupté de relâcher la tension qui, depuis la veille, le tient sur le qui-vive. Mais pas question de s'endormir. Juste cinq minutes de repos. Et au bout de cinq minutes il est debout, prêt à l'action. Il entrouvre les volets de fer de la chambre. Coup d'œil aigu sur la propriété voisine. En effet, juste en contrebas, il y a une terrasse qu'on découvre presque tout entière, par-dessus une haie fleurie. La villa du président ne s'aperçoit que de biais. Elle ouvre sur la terrasse par une porte-fenêtre. Si l'on traverse la terrasse, trois marches conduisent à un petit jardin où un merle picore. De la fenêtre jusqu'au fond du jardin, G à vue de nez compte 25 mètres. Le président, de partout, sera une cible facile. G, rassuré, entreprend de vider sa voiture. Il se sent en forme. Cet air embaumé qu'on respire à flanc de coteau se savoure comme une liqueur. Avant tout, il remonte son fusil, fixe la lunette et le silencieux, introduit les cartouches, et d'un geste machinal épaule. Ça va. Mains souples et fermes à la fois. Tête claire. Chaque muscle prêt à jouer son rôle. Ensuite, il sort ses jumelles et les ajuste. Le merle devient soudain gros comme un poulet. Il est 5 heures et demie. G furète, maintenant, dans la cuisine et découvre le Nescafé dont il se prépare une tasse. Il sait qu'il ne pourra rien tenter avant la fin de la journée. Il doit, auparavant, étudier le président, ses gestes familiers, sa démarche, afin de le saisir dans une pose facile. Donc, inutile de se cloîtrer comme si personne n'habitait encore *Les Tulipes*. Au contraire, il faut ouvrir toutes grandes les fenêtres, se comporter en authentique estivant et si, de sa terrasse, le président esquisse un salut de bon voisinage, eh bien, G est décidé à répondre.

Et ensuite ? Après le drame ? D'habitude M. Louis se charge de tout. Il a sûrement, à proximité, quelqu'un qui fera disparaître le corps. D'une façon ou d'une autre ! Ou bien il laissera à la femme de ménage le soin de donner l'alarme. G n'a jamais cherché à savoir comment M. Louis s'y prend pour ne laisser aucun indice. C'est pourquoi ses troupes lui font tellement confiance et en même temps ont tellement peur de lui. G se lave, se rase, allume sa première pipe de la journée. Le président doit se lever tard, alors autant descendre dans le parc, acheter les journaux, flâner, la mort peut attendre.

Chapitre 3

Il y a déjà une petite foule, autour des sources, curistes à peine sortis du lit et enveloppés dans une sortie de bain, vacanciers qui vont acheter les journaux au kiosque qui domine les jardins ; promeneurs du matin qui flânent de boutique en boutique, et, par nécessité ou pour ne pas se singulariser, chacun porte son verre dans un petit panier rond. Aucun endroit au monde ne peut donner une pareille impression de paix. G a beau observer les uns et les autres, personne ne paraît malade. Cela ressemble à un forum, où l'on vient accomplir un rite un peu mystérieux, en prenant place dans les files qui se forment devant les sources, au prénom féminin. Source Suzanne, source Marie-Louise, source Henriette. Et un peu partout il y a des chaises de fer, dont certaines, groupées en rond, suggèrent l'image de causeurs désœuvrés. G éprouve une impression presque pénible de dépaysement, comme s'il avait franchi la frontière d'un pays pas tout à fait vrai. Il a honoré bien des contrats étranges mais dans des endroits dangereux, où il fallait se tenir sur ses gardes. Là on coudoie, au contraire, des gens sans défense dont la seule occupation est de boire, à petites gorgées gourmandes, une eau trouble comme celle d'un marais. Et le président Langlois doit appartenir, lui aussi, à ce petit peuple de dégustateurs illuminés. N'importe quel homme de main de M. Louis aurait fait l'affaire. G sent que sa présence est déplacée. Il a hâte de regagner *Les Tulipes*. Au passage, il achète *Le Courrier du Centre*. Un long article raconte l'attentat de la veille. « Je rêve ! pense-t-il. C'était donc hier ? » Il le parcourt. C'est un délayage de détails connus, mais dont certains sont particulièrement horribles. Un coup de téléphone anonyme à *Libération* est le seul élément nouveau. Le crime est l'œuvre d'un groupuscule inconnu qui signe « Justice et Liberté ». Ça aussi, c'est un nouveau snobisme : le terrorisme « m'as-tu-vu », aussi naïf, au fond, que des vantardises de boxeurs. « Moi, du moins... », se dit G. Il n'a pas besoin d'aller au bout de sa pensée pour éprouver une espèce de fierté, mais il ne peut s'empêcher de se mettre à part. Tout en montant l'escalier vers sa villa, il doit s'avouer que, s'il n'avait pas M. Louis, sa vie d'homme sans femme, sans enfant, sans amis, sans même un poisson rouge à nourrir, serait insupportable. Attention ! Pas insupportable comme une lente asphyxie, non ! Au contraire ! Elle est douce, au jour le jour. Mais affreuse par moments, quand il se voit d'une certaine manière. Plus spécialement quand il est obligé de se dire qu'il est aussi inutile qu'une vipère, qu'il est de ces bêtes qu'on écrase. Il a beau protester... « Non, quand même ! Je vaux mieux que ça ! » Il n'a qu'à se regarder dans la glace ! Quelquefois il entend en lui la voix qui dit : « J'ai une gueule de virus ! » Heureusement, son contrepoison est tout prêt. Ce qu'il fait personne ne peut le faire mieux, car Ricardo avait raison. Il a l'œil et la main.

Il souffle. La pente est rude. Ricardo d'un côté, M. Louis de l'autre. Ses deux maîtres. Il dépasse *Les Troènes*, jette un regard oblique sur la façade, dont les fenêtres du premier sont ouvertes. Il aperçoit une silhouette, le temps de noter qu'elle est grande et forte. Il rentre chez lui et aussitôt prend ses jumelles. Le travail commence.

D'abord, disposer les volets selon un entrebâillement savant, afin de voir sans être vu. Ensuite, repérer l'endroit où l'exécution présentera le maximum de facilité. M. Louis a conseillé le jardin. C'est vrai, et ce n'est pas vrai. La distance est bonne mais celui qui a renseigné M. Louis n'a pas été sensible au déplacement progressif de l'ombre portée par *Les Tulipes*. Or, la lumière de l'après-midi n'est pas la même que celle de la matinée. Le jardin sera en partie dans l'ombre. A quoi il faut ajouter que le président, qui se déplacera inévitablement, offrira une cible mouvante. C'est pourquoi le meilleur endroit paraît être la terrasse. G l'observe à l'œil nu. Elle est bordée d'un muret fleuri le long duquel court un tuyau d'arrosage. Une vieille chaise de paille a été posée près d'une table métallique qu'elle sert à caler, car il y a partout de la pente. Et puis ce qui est beaucoup plus intéressant, c'est la chaise longue déployée devant la partie du rez-de-chaussée qui occupe l'angle mort par rapport à G, et qui est sans doute la pièce de séjour. G règle ses jumelles et les braque sur cette partie de la terrasse. Elle est toute neuve, cette chaise longue, et munie d'un parasol orange déployé, ce qui prouve que le président est déjà venu là, et probablement pour lire, car, posé à terre mais à portée de la main, il y a un livre. Masquée en partie par l'arrondi de la toile, on voit une table basse qui supporte une tasse et un sucrier. C'est probablement le coin préféré du président.

Au même instant, le vieil homme se manifeste en traînant ses savates. D'un pas fatigué, il vient chercher la tasse.

— Laissez, dit-il. Je la laverai.

G comprend qu'il parle avec sa femme de ménage. Elle est arrivée pendant qu'il se promenait le long des sources. Inutile de tirer des plans. La matinée est fichue. Décidément, rien ne va comme il le voudrait. Depuis Paris, il a l'impression que le coup a été mal préparé. D'abord le délai insuffisant. Et puis M. Louis aurait dû se douter que la présence d'une femme de ménage allait tout compliquer. Et enfin, il y a un autre détail beaucoup plus ennuyeux. De son poste de tir G n'est pas assez loin de sa cible. En admettant que le président vienne faire la sieste dans sa chaise longue, ce qui paraît probable, la distance ne sera pas suffisante... quelques mètres... Du premier coup les policiers pourront reconstituer le trajet du projectile et ils verront clairement où le tireur était embusqué. Alors jusqu'où remontera l'enquête? A force d'accumuler les succès, M. Louis a pris la grosse tête et ça risque de finir mal. G attend. Le président, maintenant, traverse la terrasse. Il est vêtu d'un vieux pull et d'un jean délavé, comme un jeune d'aujourd'hui. Il est grand, un peu voûté, bras nus parcourus de grosses veines, chauve comme certains vieux acteurs. Il a rempli d'eau un arrosoir et descend par trois marches dans le jardin. Grâce aux jumelles, G ne perd aucun de ses gestes. Il repère l'endroit où le président devrait se tenir pour être touché du premier coup, mais, promenant son arrosoir au-dessus d'une rangée d'œillets, le vieil homme lui tourne le dos, maintenant. G dépose sur son lit ses jumelles, s'empare du fusil, essaye, devant la fenêtre, différentes positions de tir, et épaule. Simplement pour se tester. Il promène lentement son fusil sur l'image qu'il découvre dans le viseur. Presque tout de suite, ça tremble un peu. Très peu. Mais enfin ce qu'il veut, c'est l'immobilité absolue, celle que M. Louis lui achète. S'il faisait feu en ce moment précis, bien sûr le président serait foudroyé et M. Louis n'en demande pas davantage. Mais G est plus exigeant. Sa main doit obéir. Elle n'a pas à faire des siennes. Il n'oublie pas qu'il a été formé à la rude discipline du cirque. Il préfère se reposer un peu. A quoi bon se le cacher, il s'en veut ! Il en veut à ce bonhomme qui joue au jardinier ! Mais surtout, il en veut à M. Louis. S'il avait été libre de préparer son intervention, il se serait accordé huit jours, il aurait noté les moindres allées et venues du président et surtout il aurait loué une villa située plus loin. La précision n'en aurait pas souffert car, une fois bien remis de sa fatigue, il aurait fait mouche sans qu'on pût savoir d'où le coup était parti. Alors qu'il va être obligé de tirer à quelques mètres et cela ressemblera à un assassinat. Pourquoi, dans ces conditions, ne pas lancer une grenade !

Le film repasse dans son esprit : l'explosion, les cris, la fumée, le sang... et sa main se crispe à nouveau. Comment se fait-il qu'il puisse sans trembler tenir ses jumelles devant ses yeux et que, quand vient le tour du fusil, le cauchemar recommence !

Là-bas le président revient sur ses pas, chasse une guêpe qui tourne autour de son visage. Il respire cet air frais qui descend de la montagne. Il paraît soucieux. La femme de ménage se montre en bas à gauche. On ne voit que sa tête et son épaule, comme dans un premier plan de bande dessinée. Elle est vêtue d'une blouse grise et porte au bout d'une chaînette d'or une petite croix. Mi-ouvrière, mi-paysanne, elle achève de s'essuyer les mains à un torchon et dit :

— La machine à laver est en panne. On n'a pas idée de louer sans s'assurer que tout marche bien. Que Monsieur ne s'inquiète pas. Je ferai venir mon cousin demain. Il est adroit et pas cher.

Le président approuve, de loin. Il n'a visiblement pas envie de parler.

Ça va faire beaucoup de monde, pense G. Pour peu que d'autres visiteurs se présentent, la matinée sera foutue. C'est aujourd'hui qu'il faut en finir. Dans les deux ou trois heures qui viennent. Le président traverse à petits pas la terrasse et tend son arrosoir à sa femme de ménage.

— Monsieur désire que je finisse ? dit-elle.

— Non, merci, madame Françoise. Le soleil est déjà trop chaud.

Sa voix est basse et enrouée, mais d'une grande gentillesse. Il prend place, lentement, dans la chaise longue. Sa tête gonfle la toile quand il se laisse aller, avec un soupir d'aise. C'est là qu'il faudra viser.

— J'ai éteint sous les pommes de terre, annonce-t-elle. Monsieur saura se débrouiller ?

— Oh ! quand même ! proteste-t-il en souriant.

Elle se prépare à retirer sa blouse.

— Madame Loubeyre, murmure-t-il, amenez-le, quand vous repasserez.

— Il va vous fatiguer ! observe-t-elle.

— Non, non. Nous nous aimons bien tous les deux.

— Monsieur a besoin de repos. Et moi, je ne pourrai pas rester.

— Laissez, laissez... il me fera la lecture !

Ils rient tous les deux et le président reprend :

— Vous pouvez partir, madame Loubeyre. Ne vous inquiétez pas pour moi. Bon appétit ! Et à tout à l'heure.

G s'interroge, avec inquiétude. S'il comprend bien, quelqu'un rendra visite au vieux bonhomme dans l'après-midi ? Ce n'est pas du tout au programme. M. Louis a bien précisé que M. Langlois ne reçoit personne. Et qui plus est il s'agirait de quelqu'un de proche, à la façon dont ils ont ri quand le bonhomme a dit : « Il me fera la lecture » et aussi quand il a dit : « Nous nous aimons bien tous les deux ! » Mais voyons ! Vérifions !

G va relire le texte de M. Louis. C'est écrit noir sur blanc. C'est la première cure du P.-D.G. Il n'est jamais venu à Châtel. Alors, que signifie : « Nous nous aimons bien tous les deux » ? Il s'agit d'une personne rencontrée ailleurs ? Non, il y a quelque chose qui ne colle pas. Et cette phrase : « Amenez-le » ? Comment l'interpréter ? C'est exactement comme si l'on insistait auprès d'une personne qui se dérobe, qui a peur de déranger. Mais, dans ce cas, pourquoi cette personne aurait-elle besoin d'en passer par la femme de ménage et en quelque sorte d'être présentée par elle ! Surtout si M. Langlois l'aime bien ?

G se jette sur le lit, serre les poings. Jamais

M. Louis ne lui a confié une mission aussi tordue ! Le plus simple ce serait de liquider le vieux, tout de suite, et de filer sans se poser de questions. Mais G est un professionnel trop averti. Il sent que s'il cède au découragement, il ne respectera pas son contrat. Il avale, dans un verre d'eau, deux comprimés de Maxiton. Il a vraiment besoin de se doper, de fonctionner à la cravache pendant quelques heures. Très vite, ses forces reviennent. Le Maxiton agit d'autant plus vigoureusement qu'il n'a presque rien mangé depuis la veille. Il épluche deux bananes qu'il dévore, devant la fenêtre, goûtant malgré son inquiétude la tranquillité qui règne dans le quartier. Des oiseaux chantent, sifflent, pépient, un peu partout. Il aperçoit des femmes de chambre qui font le ménage dans de lointains hôtels. Et soudain il entend le téléphone du P.-D.G. Par un caprice d'acoustique, la voix du président porte loin, nette et bien articulée. G n'a même pas besoin de se pencher à la fenêtre.

— Oui, je suis très bien installé, dit le vieil homme. C'est d'ailleurs beaucoup trop grand pour moi... Oui, tout est propre et neuf. L'agence m'a trouvé une femme de ménage qui est la complaisance même. Allô... J'entends mal... Oui, je la laisse faire. Elle a l'autorité qu'il faut... Bien sûr que je travaille. J'ai apporté quelques dossiers qui pressent. Notamment le dossier Rulman. Je compte en parler avec Kulik. Non, ne t'inquiète pas. Je me sens beaucoup mieux. Merci de m'avoir appelé. A bientôt. Oui merci, moi aussi...

Moi aussi quoi ? Moi aussi je t'embrasse, sans doute. Quelque proche parent ? Ou quelque associé ? Dans un certain monde, on s'embrasse beaucoup. G rumine ce monologue, tout en bourrant sa pipe d'écume qui l'accompagne partout, dans un étui de cuir. Est-ce que derrière tout cela ne se cacherait pas quelque affaire politique ? Si M. Louis a pris la peine de mobiliser son meilleur agent, ce n'est certainement pas pour liquider quelque personnage subalterne ! G flaire quelque chose de dangereux, depuis le début. Et M. Louis s'est bien gardé de lui laisser voir le dessous du jeu, pour ne pas le rebuter car il y a peut-être une part d'improvisation à assumer. C'est déjà arrivé ! Rarement, mais en cas d'échec la faute en revient à l'exécutant. Il se met toujours à l'abri, M. Louis.

Un bruit léger de savates traînées, en bas. C'est le président qui revient sur la terrasse. Lui aussi il fume la pipe. G n'aime pas du tout cela. Il éprouve toujours une vive répugnance à pénétrer, si peu que ce soit, dans l'intimité des gens, et pourtant son métier lui impose ce rôle de voyeur.

Il braque ses jumelles et cherche la figure de sa victime. Le président se laisse tomber lourdement dans sa chaise longue. G survole lentement ce visage soudain si proche, qu'il parcourt par tranches successives comme un astronome étudiant une étoile. Fascinante géographie du visage humain... les rides du front comme des cicatrices, les paupières agitées de brusques palpitations et puis ces veinules le long du nez. C'est comme un lierre rougeâtre qui trahit l'ancien viveur. G explore les joues pas trop bien rasées, avec un semis de points noirs parmi les poils blancs. Alors que le président semble avoir régulièrement blanchi, pas du tout : il garde encore, par petites plaques, les surgeons d'une barbe noire, et ce serait touchant si G pouvait encore être touché. Le cou n'est plus qu'un bouillonnement figé de peaux molles qui se chevauchent. Tout est délabré dans cette physionomie innocemment offerte. Reste le haut du front, bien dessiné, intelligent, lisse et blanc là où descend le chapeau, cela fait comme une lisière facile à viser. C'est là qu'il faudra tirer. Et même pourquoi ne pas en finir tout de suite ?

Les chambres des hôtels les plus proches semblent vides, maintenant. Le ménage est fini. Les curistes sont tous autour des sources. L'ennui, c'est qu'il est plus prudent de se tenir à deux pas en arrière de la fenêtre pour être complètement invisible, mais alors on ne voit plus que la partie supérieure de la chaise longue et le haut du crâne de Langlois. Cependant, G saisit son fusil, le porte silencieusement à l'épaule, comme si son geste était susceptible de faire du bruit, allonge le canon vers la cible. Sa main gauche tient le coup. Pas de chance ! Le téléphone ! Le président se lève en maugréant, vide sa pipe sur son talon et disparaît. G repose l'arme. C'est trop bête ! Et pourquoi cette comédie ne se renouvellerait-elle pas toute la journée ! Le plan de M. Louis n'est décidément pas le meilleur.

— Allô ! C'est vous, Paul ? Eh bien, vous voyez. Tout s'est bien passé...

G ne veut pas en entendre davantage. Il descend, ferme soigneusement derrière lui, et va se promener. Il est 11 h 30. Le P.-D.G. va déjeuner. Ensuite, il travaillera à ses dossiers. Ce n'est que plus tard, quand la terrasse sera à l'ombre, qu'on le verra reparaître. Entre ce moment-là et l'arrivée du visiteur, il y aura une minute à saisir. Mais au prix de quels risques ! Car, l'alarme aussitôt donnée, il y aura foule dans le coin ! Encore une fois, G repense « Je suis trop vieux ». Et il se dit qu'il est riche, qu'il a sa charmante petite ferme où passer l'été, entre forêt et rivière. Ça rime à quoi, ce guet ridicule qui n'en finit pas ! Il va de présentoir en présentoir, regardant cartes postales et livres, faisant paresseusement pivoter les tourniquets, mais il n'a aucune envie d'acheter un roman et surtout pas un policier. Ils sont pleins d'inexactitudes. Et puis, il n'aime pas lire. Au bout de quelques pages, il confond les personnages, surtout quand ils portent des noms anglais. Il n'a jamais eu le temps de lire, autrefois. Il travaillait trop dur. Tirer sous les ordres de l'un, jongler sous les ordres de l'autre ! Jusqu'à épuisement. Quand, enfin, il a été son maître, il ne s'est plus jamais lassé du loisir, du farniente comme certains disent. Se laisser doucement porter par l'heure qui passe, sans souvenir, sans regrets, sans désirs, petit bonheur, peut-être ; bonheur de chat qui sommeille d'un œil, mais c'est la joie qu'il a choisie ! La joie qui le fuit, en ce moment, par la faute de M. Louis. Ne plus avoir l'initiative, attendre dans l'incertitude que veuille bien se montrer la cible, et G devient fébrile. Sans but, il flotte, du casino au kiosque à musique, s'arrête devant la vitrine de la coutellerie, admire les lames de toutes sortes, depuis le canif minuscule jusqu'à la navaja au profil sauvage. Il va être midi et demi. Le président a peut-être fini de déjeuner. L'occasion va peut-être se présenter. Il reprend le chemin des *Tulipes*, croise la femme de ménage qui vient de quitter la villa. C'est bien elle, courte, large, noiraude, solide, pressée. Elle est donc revenue ? Déjà ? G rentre chez lui, curieux et attentif à ses mouvements. La chasse commence. Il monte au premier, prend son fusil et gagne son observatoire, devant la fenêtre entrouverte. La terrasse est déserte, mais un bruit de voix sort de la cuisine. G s'applique à écouter. C'est un transistor qui marche. Il engage une balle dans le canon. A partir de maintenant, il est prêt.

Que le président se montre et le contrat sera rempli ! Enfin !

— Ôte-toi de là ! crie le vieil homme. Allez ! Sors !

Et soudain il apparaît, repoussant un grand chien-loup qui saute devant lui et essaie de lui lécher le visage. G n'a pas eu le temps de se retenir. Il a fait feu deux fois, coup sur coup, et là-bas il a fait mouche deux fois. L'homme, repoussé par le choc, s'affaisse lentement le long du mur et le chien, gémissant de douleur, est tombé sur le flanc. Le silencieux a absorbé les détonations. G reste une minute immobile, fusil à l'épaule. La surprise l'a sculpté... Il ne sait pas bien ce qui arrive. C'est l'instinct de conservation qui le réveille, et aussitôt la pensée claire prend les choses en main. Le président a été tué d'une balle à la tempe, mais le chien n'est que blessé. Il a été touché à la cuisse quand il a sauté pour jouer avec son maître. Est-ce bien son maître ? Est-ce que quelqu'un ne va pas surgir, ou, au contraire, s'enfermer pour téléphoner et appeler à l'aide ! Donc, attendre un peu, l'arme prête ! Mais jamais G n'a égaré ses projectiles. Il n'a jamais non plus abattu un témoin. Ce n'est pas maintenant qu'il va commencer. Le transistor fonctionne toujours. Personne ne l'a éteint. Le téléphone reste silencieux. Pas d'hésitation. Il faut aller voir, et si le chien est mortellement atteint, eh bien il faudra l'achever. G pose son fusil sur le lit, prend son magnum sur lequel il fixe le silencieux, et sort de la villa. Personne en vue. Il n'a qu'à pousser la grille de la maison voisine. En quelques pas il atteint la terrasse. Le chien se soulève sur la poitrine. Il gronde, sa patte blessée n'a pas beaucoup saigné. La cuisse gauche. Une blessure en séton, semble-t-il, mais le muscle a dû être lésé. G a une certaine expérience des bêtes, à cause de la ménagerie qui, au temps du cirque, comptait pas mal d'animaux, et quand les juments mettaient bas il donnait la main. Mais ce chien-loup n'a pas l'air commode. Heureusement, il ne peut pas se déplacer. A peine s'il réussit à se traîner, crocs en bataille, vers son ennemi. G l'évite de loin et pénètre dans la maison. M. Louis déteste qu'on le dérange à toute heure. Tant pis ! Il doit être au courant.

G appelle, en respectant soigneusement le rituel. Là-bas, ce n'est pas M. Louis qui répond. Une voix inconnue qui tranche.

— Je suis au courant. Alors ? C'est fait ?

— Oui mais il y a un chien. Il est blessé.

— Attendez une minute.

Bientôt la voix de M. Louis.

— Vous savez ce que vous avez à faire ! Ne me dites pas que vous avez besoin d'un conseil. Pas vous !

G hésite. M. Louis chuchote.

— La situation est claire. Quelqu'un s'est introduit dans la villa pour voler. Il a abattu l'homme et son chien, et puis il a tout mis sens dessus dessous. Vous comprenez ? Ramassez tous les papiers et filez...

— Mais le chien ?

— Quoi le chien ! On s'en fout, du chien. Et je vous prie de ne plus m'appeler !

Cette fois la voix est glaciale. Le téléphone est raccroché d'un coup sec.

J'aurais mieux fait de me taire ! pense G.

Il réfléchit une minute. C'était donc ça que M. Louis mijotait depuis le début. Simuler un vol, rien de plus facile ! Mais il y a le chien. Facile à dire. « On s'en fout du chien ! » N'empêche que si l'affaire avait été bien préparée...! Pas possible de travailler dans ces conditions. C'est sale ! Le président, passe encore ! Mais G sent qu'il est en train de se muer en truand, en pillard, qui rafle tout ce qui lui tombe sous la main et, pour finir, achève une malheureuse bête sans défense.

G commence par la chambre du vieux, sans cesser de proférer d'obscures protestations. Dans la penderie, il s'empare d'une valise et y fourre un classeur que le président a laissé ouvert près de son lit. Un livre aussi, qui a pour titre *Les Fleurs du mal*. Il hausse les épaules, renverse une chaise et un fauteuil ; passe dans le cabinet de toilette, balance dans la corbeille à papier le bâton de savon à barbe, la brosse à dents, le Gillette... puisqu'il faut créer du désordre, autant le faire consciencieusement. Au tour du rez-de-chaussée ! Les dossiers sont là, sur une petite table, bien rangés en deux piles. G les déverse dans la valise, écrase les lunettes du vieux, jette sur la moquette, pêle-mêle, la pipe, une paire de ciseaux, trois ou quatre crayons, une règle, le guide Michelin. Quoi encore ? Il y a une petite boîte de pilules et un tube qui contient des comprimés de Valium. G empoche le tout et une idée lui vient, encore bien floue et qu'il devine dangereuse. Il consulte sa montre : dans les hôtels, les pensionnaires passent à table. C'est peut-être le moment le plus calme de la journée. Il s'arrête sur le seuil de la porte-fenêtre. Le président a du sang sur un côté du visage, sur le cou, sur l'épaule, et déjà on entend une mouche. Le chien-loup est immobile, au centre d'une flaque de sang, mais ses oreilles se dressent vers cette silhouette qui lui veut du mal. L'homme et la bête se regardent, les yeux dans les yeux. G se rappelle qu'il aimait, autrefois, parler aux fauves. Les panthères, les lionnes, les guépards, l'écoutaient avec ennui et leurs yeux dorés se fermaient à demi, parce que les félins ne supportent pas le regard humain. Mais le chien-loup ne cède pas. Ses sombres prunelles expriment, outre la souffrance, une sorte de fierté courageuse de combattant résolu à ne pas rendre les armes. La blancheur des crocs brille de chaque côté de sa langue et un grondement d'avertissement ronfle au fond de sa gorge. Il ne saigne plus mais son poitrail blond est rouge et poisseux.

— Mon chien, murmure G.

Il avance un peu la main, pour dire quelque chose qui n'est pas clair dans son esprit, que ce n'est pas sa faute, qu'il est prêt à désobéir à M. Louis, et qu'on ne va pas se battre, et qu'il n'est pas un assassin ! Mais ce regard franc le cloue sur place. Il recule. Il sent avec force qu'il est du côté du chien contre M. Louis. C'est une certitude qui ne se discute plus. Une bêtise, aussi ! Une faute qu'il devra payer ! Mais on peut être un tueur sans être un boucher.

Chapitre 4

G rentre dans la maison en courant. Ce chien est en train de lui faire perdre la tête. Bien sûr, il faut décrocher le téléphone. C'est par là qu'il aurait dû commencer. Vite, il pose le combiné à côté du socle, s'essuie le front. Jamais il n'a eu aussi chaud. Et maintenant ? Ce qu'il va tenter est risqué. Il serait tellement plus simple d'abattre l'animal d'une balle dans la tête. Plus simple et plus logique. Quand la femme de ménage donnera l'alerte, les premières constatations iront toutes dans le sens prévu par M. Louis : un malandrin est passé, a tué le maître et son chien, a volé tout ce qu'il a pu, et cela fournira un banal fait divers, les agressions ne se comptant plus. Il n'y a aucune autre façon de remplir le contrat. Mais G a encore dans l'oreille la voix mauvaise. « On s'en fout du chien. » Eh bien, non, justement, il ne s'en fout pas ! Si M. Louis avait joué franc jeu, il aurait prévenu son agent. S'il ne l'a pas fait, c'est qu'il prévoyait que G serait réticent, discuterait et peut-être refuserait ce genre d'intervention. Et encore non ! Ce n'est certainement pas la vraie raison. Peut-être ignorait-il la présence du chien ? Tout en réfléchissant avec une espèce de violence, G s'affaire, examine le contenu du réfrigérateur... un poulet rôti, un saucisson, des filets de harengs, du beurre, une bouteille de lait, une bouteille d'eau de Vichy, mais surtout, sur le rayon inférieur, une écuelle pleine de Pal, riz et viande, le repas du chien. G dépose le plat sur la table. Il est appétissant, et G reconnaît le savoir-faire de Mme Loubeyre. Mais quels sont donc les rapports entre elle et le P.-D.G. ? A qui appartient le chien ? Encore un mystère !

Il se hâte, fouille dans l'armoire. Il y a de tout, là-dedans ; il finit par trouver un mortier et un pilon. Le chien pèse bien une quarantaine de kilos. Quelle quantité de Valium faut-il pour l'endormir ? Il ouvre le tube et médite un peu, avant de faire couler dans le creux de sa main, au petit bonheur, sept ou huit comprimés. Il lui est arrivé de recourir au Valium pour dormir, mais pas plus de deux comprimés ; s'il donne au chien, déjà affaibli par sa blessure, une dose trop forte, la malheureuse bête ne se réveillera pas. D'un autre côté, elle doit rester assommée pendant une dizaine d'heures, si l'on veut réussir. G mesure la folie de son projet. Ce qu'il est en train de défier, ce n'est pas le sort. C'est pire ! C'est M. Louis. Ses mains recommencent à trembler. Il pose une fesse sur le coin de la table et prend le temps de bourrer sa pipe. Enfin il se décide pour six comprimés. On verra bien ! Il les écrase avec le pilon jusqu'à les réduire en poudre, puis à l'aide d'une cuillère il mélange cette poudre au contenu de l'écuelle. C'est maintenant le tout pour le tout. Ou bien le chien mange et perd rapidement connaissance, et alors on l'emmène ! Ou bien il refuse et on l'abat. Mais d'abord il faut l'approcher.

G, le brouet sur le plat de la main, comme un serveur bien stylé, passe sur la terrasse et fait quelques pas. L'air engageant.

— Pour qui cette bonne viande? Elle est un peu froide, mais c'est bon...

Le chien gronde, prêt à mordre. Sa blessure ne semble pas l'avoir par trop diminué. G ne va pas plus loin, sentant que la bête a encore assez de force pour essayer de lui saisir une jambe. Il prend sa voix la plus caressante.

— C'est pour mon bon chien, dit-il. Hum, c'est bon! Goûte!

Il pose à terre le plat et, allongeant le bras tant qu'il peut, il pousse loin de lui l'appétissante assiette. Aussitôt, le chien, d'un brutal élan du cou et de la poitrine, jette sa gueule en avant, mais la douleur l'arrête et il émet un son rauque, mi-aboiement mi-gémissement.

— Ah! tu vois, bougre d'idiot! dit G. Allons, reste tranquille!

Il regarde autour de lui.

— Un balai! reprend-il. Tu sais où ils sont les balais?

D'emblée, il a trouvé le ton camarade, à la fois rude et amical, et le chien, surpris, penche la tête dans l'attitude de l'animal qui cherche à comprendre et attend qu'on répète.

— Ah! dit G. Voilà!

Il se sert du balai pour pousser le plat jusqu'au chien.

— Bouffe, mon vieux, et dépêche-toi. On n'a pas le temps.

Le chien flaire, regarde encore une fois cet inconnu

qui ne semble pas menaçant, et se décide enfin. G, assis devant lui sur ses talons, approuve et encourage.

— Alors ? C'est mauvais ? Hein ? J'en mangerai si tu m'en laisses.

Lui qui a toujours été taciturne et incapable de soutenir une conversation, il découvre qu'il est de plain-pied avec l'animal et des sentiments, des émotions d'autrefois, des images oubliées, l'immobilisent dans la contemplation émerveillée de la bête. Celle-ci fouille au cœur de la pâtée avec tant de hâte et de vigueur que le plat recule et se trouve bientôt hors de portée. G, très doucement, à l'aide du balai, la repousse vers le chien.

— Si je savais ton nom, dit-il, ça faciliterait les choses.

Le chien, tout en dévorant, ne le perd pas de vue. Ses yeux, sans que la tête bouge, suivent tous ses mouvements, vont d'un coin à l'autre des paupières, comme des yeux d'homme. Soudain, un claquement des mâchoires. Il a raté la mouche, venue trop près.

— Bien ! Bien ! approuve G. Faut se défendre.

L'écuelle, à nouveau, s'éloigne et le chien allonge le cou, tire sur sa poitrine pour la rattraper. Mais l'arrière-train ne suit pas. Un peu de sang mouille la fourrure de la cuisse blessée.

— Je m'en veux, tu sais ! murmure G. Je suis navré. Je te ferai un pansement mais d'abord finis de manger.

Toujours accroupi en canard, il avance de deux pas et, du bout des doigts, remet l'assiette à bonne portée. Les oreilles pointées du chien-loup expriment une espèce de surprise méfiante mais il n'essaie pas de se jeter sur la main.

— Là, dit G, tu vois bien que je suis ton ami. Allez, maintenant, couche-toi et dors.

Un bref petit aboiement de chiot lui répond.

— Compris, dit G, tu as soif. Je m'en occupe.

Il retourne dans la cuisine, décroche une casserole et la remplit d'eau. Le chien recule et gronde.

— C'est moi, mon vieux ! plaisante G. Tu ne me reconnais pas ? Ah ! pardon ! Tu ne peux pas t'asseoir. Laisse-moi faire.

Il prend le risque de s'avancer à portée des crocs. Le grondement s'amplifie pendant que G pose à terre la casserole. Il juge prudent de se retirer promptement, et observe l'animal qui s'apaise et plonge son museau dans l'eau. Pas commode de boire la tête à demi couchée. L'eau éclabousse le sol, et à la fin la casserole se renverse, mais le chien cette fois semble tout à fait désaltéré. Petit entracte. G vide sa pipe et la rebourre, sans cesser de prendre, des yeux, possession de la bête. Il aime tout spécialement cette grosse ride de souci qui partage le front et farde de poils sombres les paupières. Il y a aussi au bas du poitrail, formant comme une chaîne d'huissier, un collier de fourrure brune qui remonte vers les épaules pour se perdre dans le noir brillant du dos. G a fréquenté jadis les pensionnaires du petit zoo, accompagnant le cirque, mais sans jamais prêter une grande attention aux animaux. Il a seulement appris à se garder de leurs griffes et de leurs dents. Étaient-ils beaux ? Oui, peut-être. Mais avec rien d'humain.

Le bariolage des zèbres ? C'était uniquement pour amuser les gosses ! Les singes ! Ridicules ! La panthère, oui, peut-être, à cause de ses yeux lascifs. L'ours ? Il aurait été fréquentable si on ne l'avait pas forcé à faire du vélo... Et voilà ! Tous ces animaux étaient des esclaves ! Aucun n'avait ce port de tête fier et courageux. Le chien-loup porte encore son collier et, si l'on pouvait le détacher sans risque, on saurait tout de suite comment il s'appelle. G veut espérer qu'on ne l'a pas déshonoré d'un de ces noms de cinéma, comme Rintintin ou Galopin. Ah ! il vient d'allonger son museau sur ses pattes, dans la position du repos. Les oreilles restent droites mais avec du mou, le flou du sommeil proche. G se retire sur la pointe des pieds. Il faut faire vite. Son paquetage est bouclé en un rien de temps, fusil démonté, jumelles dans leur étui. Mais il garde sous la main sa trousse pharmaceutique. Il sort de la maison, charge sa voiture, va ouvrir la grille de la villa voisine. Pas de curieux, dans le coin. Il manœuvre pour faire pénétrer en marche arrière la Peugeot jusqu'au pied de la terrasse, ouvre le coffre et, à l'aide d'un plaid usagé, ménage entre le dossier et la roue de secours une niche confortable. Tout s'est déroulé sans anicroche. Dernière inspection. Il ferme à clef *Les Tulipes*, mais prend le temps de se confectionner trois gros sandwiches, pain, jambon et beurre.

Et maintenant l'opération la plus délicate. Le chien-loup est inerte. Adroitement, G détache le collier et lit enfin le nom : Romulus. Oui, c'est acceptable. Un peu snob. G essaie de se rappeler. Il y avait comme ça un nom célèbre, dans l'Antiquité, mais peut-être pas un nom de chien. Peu importe. Il met le collier à terre près de la trousse et, saisissant Romulus par les pattes antérieures, il le déplace en le tirant à lui.

— Ce que tu es lourd ! grogne-t-il.

Avec un toucher de chirurgien, il écarte les poils de la cuisse blessée. La balle a traversé le membre mais sans atteindre l'os. La plaie est profonde. Elle a beaucoup saigné. Mais enfin il n'y a rien d'irréparable. Il caresse la lourde tête qui s'abandonne, découvrant un croc. Les belles oreilles ne sont plus que des bouts de chiffon.

Et il aurait voulu que je te supprime !

Il jette un regard distrait vers le cadavre du président. Mais quoi ! Les hommes c'est fait pour mourir ! M. Louis, aussi, crèvera ! Ce ne sera pas volé ! Il choisit dans sa trousse une fiole, un bandage, du coton, des ciseaux pour couper les poils bordant la plaie. Il sait tout faire. Dans cette vie perdue qui a été la sienne, il fallait bien ! Il se dépêche, délicatement. Un coup d'œil à sa montre. Bientôt 5 heures. La mère Loubeyre ne va peut-être pas tarder à revenir.

Soudain, éclate une fanfare. G se rappelle le kiosque à musique. Encore une chance. Les curistes doivent être agglutinés, en bas. Le beau Danube bleu ! G serre les dents. Surtout ne pas se laisser distraire. Un tampon stérile ! En croix, le sparadrap. Et puis, solidement, la bande Velpeau. Quand il faudra renouveler le pansement, ça n'ira pas tout seul. G replie son matériel.

— Tu ne voudrais tout de même pas me mordre, hein Romulus ! Pas moi.

Il caresse longuement la tête élégante, défripe les oreilles.

— Tu es mon chien, murmure-t-il. Tu es le premier. Ah ! que je te rhabille !

Il lui attache doucement son collier.

— Et maintenant, chef, à nous deux.

En dépit de sa petite taille, il est très musclé et des tatouages roulent sur ses biceps, une tête de femme et un oiseau de mer. Il met un genou à terre, se cale solidement sur l'autre et passe les bras sous le ventre du chien. Il se concentre et, d'un tour de reins, soulève l'animal. Son cou, son front, se gonflent. Non, il s'y est mal pris. Il ne doit pas s'agenouiller, ce qui freine son élan. Il doit enlever son fardeau en pesant d'une manière inégale sur ses deux cuisses. Un temps d'arrêt, pour bien s'emplir les poumons, et cette fois ça y est. La tête de Romulus ballotte. Ses pattes vont de-ci de-là. G, le visage perdu dans la fourrure des épaules, se cambre pour deviner où il met les pieds. Il tâte, de la pointe des sandales, la première marche, la seconde. Il respire court, jure en cherchant la troisième... Le coffre est là. G court à petits pas pour l'atteindre et déverse le corps dans l'espace étroit qui lui est réservé. Il se redresse. Il est en sueur.

— Je ne me suis jamais donné autant de mal pour une femme !

D'une main adroite, il installe commodément le chien, la tête légèrement soulevée par un repli du plaid, les pattes bien allongées. Il se prend à douter. La pauvre bête aura-t-elle assez d'air ? Et si elle s'éveille avant la fin du voyage ? Et si... Et si... ?

— Ça va, tranche-t-il à voix haute. J'ai fait ce que j'ai pu !...

Il ferme la malle sans bruit. Eh bien, il n'y a plus qu'à partir. Encore une ronde, la dernière. Il rentre dans la villa, récupère les deux sandwiches qui lui restent, surveille d'un regard de connaisseur son travail de cambrioleur. Ce n'est pas très convaincant ! Jamais la police ne marchera. Et M. Louis encore moins ! Et dans quelques heures il les aura tous au cul. Et puis merde ! Si tout a foiré, il n'y est pour rien ! Machinalement, il mord dans un sandwich. Le cadavre du vieux attire les guêpes. Quel gâchis ! Il regarde l'auto, vérifie une dernière fois la tension de la courroie qui ceinture ses paquets. Là-bas devant le casino, l'orchestre joue *Les Millions d'Arlequin.* Son sandwich tenu entre les dents, G lance le moteur et abaisse sa vitre. Il part en roue libre. Il va être six heures. A partir de ce moment-là, il se vide de toute pensée claire. Il est trop fatigué. Il a en quelque sorte affiché son itinéraire, quelque part, au fond de ses yeux : Montluçon, La Châtre, Argenton, Poitiers, Bressuire, Mortagne, Nantes, Redon. Après, c'est chez lui. De Poitiers à Nantes, il connaît bien la route. Jusqu'à Argenton et Mortagne, il est moins sûr de lui, mais ce sont des nationales d'importance secondaire. Il n'y a pas une chance sur mille de tomber sur des C.R.S. M. Louis a son service d'ordre personnel. Il lancera deux ou trois hommes en direction de Paris, pour rattraper le fuyard, récupérer les papiers du président et savoir ce qu'est devenu le chien. Quand il se rendra compte que G a disparu, c'est alors qu'il deviendra mauvais. Tout le monde ignore l'existence de la fermette, en bordure de la forêt du Gâvre. Ça, c'est l'asile secret. Peu de voisins, il commande par téléphone au village tout ce qu'il lui faut, épicerie, boucherie, fournitures diverses. Il est résolu à s'enterrer là-bas, avec son chien. Qu'on leur fiche la paix ! Finis les contrats !

Le carrefour avant Montluçon. Il faut, malheureusement, s'engager un peu dans la ville. Pourvu qu'un cycliste étourdi ne se fasse pas accrocher. Il roule au pas, traverse un pont, cherche des yeux, avec un peu de panique, les plaques indicatrices. Tout s'est bien passé. Il entame son dernier sandwich. La Châtre, 30 km. Mais, après un virage en épingle, le coup dur. Ils sont là, bottés, casqués, près de leur voiture, paisibles et redoutables. G tenant son sandwich entre ses dents, sa bouche lui servant souvent de troisième main, s'avance vers eux. Ils ne bougent pas. On n'intercepte pas un conducteur en train, les doigts gras, de casser la croûte. G se permet un petit salut, mais sa foutue main gauche se met à trembler. Elle restera marquée par l'explosion de la grenade... hier, avant-hier... Il ne sait plus. C'était dans une vie antérieure, dans la vie d'avant Romulus.

Il s'inquiète. Il voudrait avoir un œil derrière. Il surveille la route, attendant que se présente une longue ligne droite. Alors il pourra s'arrêter sur le bas-côté et ouvrir le coffre, sans s'exposer aux regards des curieux qui passent trop vite et n'ont pas le temps d'apercevoir le corps. Un peu avant La Châtre, il trouve un endroit à sa convenance. Il stoppe sans secousse et court ouvrir la malle. Romulus n'a pas bougé. Il paraît mort. Grand coup au cœur ! Ce n'est pas vrai, mon chien ! Tu ne m'as pas fait ça ! Il tâte le flanc immobile, puis la gorge, si blanche dans la pénombre, si douce ! Enfin, le museau, la truffe. Elle est sèche et très chaude. Un souffle d'enfant passe sur les doigts de G. Oui, bien sûr, il est vivant ! C'est un bon chien ! Il fait ce qu'il peut, lui aussi ! G se repent de n'avoir pas emporté une bouteille d'eau. Il aurait pu lui mouiller le visage. C'est bien un visage qui dort, les yeux clos, l'éclat blanc d'une dent sur la lèvre. G se remet au volant. Il attend de traverser un village pour acheter, dans un bistrot quelconque, un flacon de quelque chose. Et, dans un café de routiers, il se procure une canette de bière — tout ce qu'il trouve après le passage d'un car de touristes. Il repart, se gare au bord d'une haie, humecte de bière son mouchoir et tamponne le nez de Romulus. Il a bien soif, lui aussi, mais il ne s'autorise qu'une gorgée. Le reste pour mouiller le chien. Et bientôt Argenton. Il se fait tard. De très loin en très loin, G s'arrête pour rafraîchir de bière le museau inerte de Romulus. Il est résolu, maintenant, à continuer tout droit pour arriver le plus vite possible au bout de cet horrible voyage. Mais il se dit aussi que jamais les complices de M. Louis ne réussiront à repérer sa trace. Il n'a plus de comptes à rendre à personne.

Sans cesser de conduire avec vigilance, il glisse dans des rêveries qui aident le temps à passer. Il a allumé ses phares un peu avant Poitiers, quand a commencé à pâlir, au fond du ciel de l'Ouest, la barre rouge du crépuscule. La nuit qui vient l'apaise. Il sait que, depuis Châtelguyon, il s'est mis hors la loi de M. Louis. Les papiers qu'il a reçu l'ordre d'emporter auraient déjà dû être adressés à Paris, ce qui pousse sa pensée dans une direction qu'il évite d'explorer d'habitude. C'est un fait, il n'a jamais rencontré M. Louis. Il a été engagé — il y a longtemps — par le Grand Marcel, le patron du Cyrnos, un music-hall de Pigalle où il assurait le lever de rideau, dans un numéro qui mélangeait astucieusement la prestidigitation et l'adresse à la carabine. On enfermait la partenaire, quand elle n'était pas trop saoule, dans une armoire qu'on criblait de balles et, naturellement, elle en sortait indemne, parfois un peu titubante mais cela n'en valait que mieux...

La route n'en finit pas, plate et vide. Ce n'est pas encore l'heure des poids lourds, et de toute façon on les voit venir de loin. La fatigue commence à raidir le dos. Que se passe-t-il, derrière ? G n'a plus le courage d'aller vérifier. Par moments, dans un creux de rêverie, il se dit que, tant pis, si le chien est mort, ce n'est quand même pas une catastrophe. Il lui est arrivé de perdre une maîtresse aimée et on lui répétait : « Une de perdue, dix de retrouvées. » Et c'est sans doute vrai des femmes ! Mais des chiens ? Mais de Romulus ! Et il se sent un petit creux d'espoir et de chagrin. Mais oui, à propos, le Grand Marcel ? Eh bien, il est mort, depuis le temps, mais après l'avoir abouché avec M. Louis. Et encore « aboucher » c'est une façon de parler. Il a tout d'abord servi d'intermédiaire au taux de 15 %, comme un imprésario. Et défense de poser des questions. « M. Louis, tranchait-il, ce n'est pas pour toi ! » Si bien qu'on était en droit de se demander si M. Louis existait vraiment. Mais, une fois disparu le Grand Marcel, M. Louis s'est manifesté sous forme de coups de téléphone et de messages poste restante, sous une adresse bidon... C'est de cette façon que les pièces d'identité ont commencé à se multiplier et puis il y a eu la boîte postale, et c'était bien agréable d'avancer dans une existence de plus en plus facile entre des murs de brume.

Les lumières de Poitiers s'effacent, à gauche, après un lacet de routes à trois et à quatre voies qui sont des pièges ; G navigue comme un pilote tâtant différents chenaux. Le marais, peu à peu, s'étend de part et d'autre. Des fermes, au fond des prairies, et un grand ciel d'été qui brille de toutes ses étoiles, quand on passe des pleins phares aux feux de position, pour croiser. Après Mortagne, au bout d'une longue descente, G va observer Romulus. Toujours figé dans son alarmante immobilité. Non, pourtant. Les pattes antérieures ont changé de position ! Mais c'est peut-être l'effet d'un cahot ! La truffe est tiède mais trop sèche. Et l'on est encore à trois heures du bout du voyage. Tiendra-t-il ? On se couche tôt, dans la banlieue de Nantes. G choisit une station self-service pour faire le plein. Ainsi aucun employé n'aura l'idée d'ouvrir la malle. Il sautille un peu, s'étire, s'accroupit, se relève. Il est encore abominablement ankylosé quand il redémarre. Et soudain il pense qu'il va arriver à sa ferme les mains vides ! Rien à manger ! Rien à boire ! Quand Romulus reprendra connaissance, il aura grand besoin de se nourrir. Tous les magasins, toutes les boutiques sont fermés. Reste le buffet de la gare. G a déjà traversé Nantes. Il se rappelle que l'avenue débouche devant le château et la gare se trouve tout de suite à droite. Le buffet sera sans doute ouvert. Il poursuit ses pauvres réflexions avec une attention extrême, comme s'il avait à résoudre un problème ardu. Il sent que le sommeil est là, dans les muscles de son visage. « Si je peux me procurer du Floric... du Frolic... du Forlique... » Il se rattrape de justesse après avoir légèrement heurté un camion en stationnement, et la peur le réveille. Il cherche à ressaisir ce mot bizarre... Frolic... c'est de la nourriture pour chien. A cette heure de la nuit, pas de Frolic, bien entendu. Mais peut-être des croissants, des brioches. Avec un grand coup de muscadet. Il se raconte n'importe quoi quand il s'aperçoit qu'il y est, à la gare. Elle est venue toute seule au-devant de lui, et elle offre un grand parking en face duquel s'ouvre non pas le vrai buffet, celui des gastronomes, mais une buvette, et il aime autant. On ne le remarquera pas. Il sort, ferme à clef la voiture et traverse l'esplanade en respirant fort pour dissiper le brouillard de la fatigue. Le bar est désert. Pas de croissants. Ils n'ont pas été encore livrés. Mais des sandwiches, oui. Le pain est rassis. Le jambon est cartonneux. Pauvre chien ! Il n'aura rien de plus appétissant avant la fin de la matinée, quand son maître aura eu le temps d'acheter, au village, du lait, des œufs, de la viande... un pot-au-feu avec un bel os à moelle. En attendant, G dévore et avale coup sur coup deux bouteilles de Coca, pour achever de s'arracher à son cocon de torpeur. Peu à peu, sa machine à poser des questions se remet en mouvement. Ce chien-loup, qu'est-ce qu'il faisait auprès du président ? Un chien trop jeune pour un maître trop vieux, c'est bizarre. Et à la façon dont Romulus sautait de joie devant l'homme, il est évident qu'il n'est pas dressé. Si le P.-D.G. avait voulu un compagnon de solitude, il n'aurait sûrement pas choisi un animal aussi encombrant. G aimerait bien savoir, tout de suite, ce que contiennent les classeurs qu'il a raflés. Une affaire qui boite, et dont il va falloir étudier chaque élément pour saisir où se trouve le détail qui ne s'engrène pas bien, et ce détail imprévu, c'est Romulus. Ne pas oublier qu'on est en fuite ! Que le crime, à cette heure du matin, met en émoi toute la presse. Peut-être même la radio a-t-elle commencé d'en parler.

Toute son énergie est revenue, G se hâte vers la

voiture. Personne alentour. Il entrouvre le coffre. Romulus a remué. Il est toujours assommé par la drogue, mais la patte blessée s'est repliée sur elle-même, et cela fait chaud au cœur. « Encore trois heures et on sera chez nous. » C'est dit à haute voix, comme un défi...

Très vite, on est en forêt. L'air qui pénètre par la vitre ouverte sent le sous-bois, la feuille écrasée, le champignon, tous les parfums, toutes les odeurs, qui vont rendre la vie et la joie à la pauvre bête si odieusement meurtrie. G a envie d'être un chien-loup, lui aussi, et d'apprendre de Romulus quelque chose qu'il a toujours méprisé, qu'il ne sait pas s'expliquer, la conscience qu'on est là et que ça vaut le coup. Il goûte cette ébriété de rouler vite, par des chemins familiers. Il voudrait avoir Romulus près de lui, comme un passager, pour l'initier... « Tu vois, là-bas, après le tournant, le tas de bois... c'est là qu'on bifurque vers la Vilaine. La Vilaine, ça ne signifie pas qu'elle est vilaine ! C'est une formidable rivière au contraire ! Et tu verrais ces gardons ! » Il rit. « Je ne parle pas des lapins ! Ah ! chef ! Qu'est-ce que tu vas bien t'amuser ! Tiens ! On arrive. La petite maison basse ! C'est à nous, mon vieux. Tu es chez toi. »

Chapitre 5

La fermette est une maison basse et longue, en granit de Bretagne avec un toit d'ardoise qui avance en visière au-dessus de l'entrée. L'ensemble est sévère, en dépit du lierre qui tapisse une partie des murs et encadre avec bonheur les fenêtres des deux mansardes. G, oubliant un instant son chien, fait rapidement le tour du logis. Les volets n'ont pas été touchés. Les portes sont dans l'état où il les a laissées. Il n'y a pas, par ici, de pillards. Les seuls ennemis sont le soleil qui ronge les peintures, la rouille qui s'attaque aux gonds et aux serrures, la pluie qui fouille, entre les ardoises, et guette un interstice pour s'y glisser, goutte à goutte. G a tout ce qu'il faut pour réparer. Il s'en voudrait de s'adresser au menuisier de Guenrouet. Le petit jardin, il s'en occupe lui-même, entre deux missions. La clôture de buis c'est lui qui la taille. Il a des mains industrieuses, quand elles ne sont pas mobilisées pour d'autres besognes. Tout en achevant sa visite, il se fouille, à la recherche de la mince clef plate qui commande la serrure de sûreté. Il ouvre sans bruit, par une habitude de prudence qui remonte à son enfance, quand le père avait bu et s'en prenait à tout le monde. A tâtons, il traverse les pièces obscures et repousse les volets. Il est dans une salle à manger meublée en breton rustique, avec des faïences de Quimper, çà et là, dont une tête de marin pêcheur qui orne le centre de la table. Coup d'œil amical. Rien n'a bougé. Il a l'impression de rentrer dans sa peau. Les gestes s'enchaînent tout seuls. La manette du compteur électrique est rabattue, la porte de la cuisine, sur le jardin, cède en grinçant. La lumière tendre du petit matin inonde maintenant le rez-de-chaussée. G visitera plus tard les mansardes. Il couche là-haut, sous le toit, dans un étroit lit-bateau acheté d'occasion à Saint-Nazaire. Ses souvenirs lui font cortège et chantent, dans sa tête, parce que le chien a supporté le voyage et va apprendre à aimer cette belle maison qui lui est offerte. Mais où le loger ? Provisoirement dans la cuisine où il n'aura pas trop chaud, et quand il voudra sortir — car enfin il va se remettre à marcher — il n'aura que quelques pas à faire. Dans le vestibule, où deux portemanteaux encadrent une gravure représentant le Mont-Saint-Michel, G décroche une vieille canadienne bien moelleuse et l'étend soigneusement dans le coin le meilleur — c'est là qu'il s'installerait s'il était un chien-loup — entre la haute pendule à balancier et la petite table où il entasse la vaisselle lavée. Du dos de la main, il tâte l'épaisseur du molleton. Oui, ça ira. Il n'y a plus qu'à amener le blessé. Laissant toutes les portes ouvertes, car il va avoir les bras encombrés et il a besoin de trouver le passage libre, il va enfin ouvrir le coffre.

— Alors, mon vieux ? Comment ça va ?

Romulus remue un peu la tête. Il émerge de

l'inconscience et, à tout hasard, retrousse les babines, mais si faiblement que son état demeure bien inquiétant.

— Allez, allez, essaie de plaisanter G, tu feras le méchant plus tard. Amène-toi.

Ce n'est pas rien de l'extraire de l'étroit logement où son corps s'est tassé. G démonte la roue de secours, ce qui facilite ses mouvements. Ensuite, une main empoignant une patte, l'autre saisissant solidement la queue, il tire, il dérape, il se cale d'un pied sur le pare-chocs, il est cramoisi et il a le cœur déchiré en voyant la pauvre tête ballottante qui soubresaute sur les saillants du métal. Enfin, il peut ceinturer la bête, elle vient. Elle s'arrache. Il la couche dans l'herbe, souffle et s'essuie le visage.

— C'est le plus dur! balbutie-t-il. Je vais te soigner. N'aie pas peur.

Et la manœuvre recommence. S'accroupir, se relever avec le chien dans les bras, marcher jusqu'à la maison, la traverser, bien viser la couverture, se laisser tomber à genoux et, lentement, déposer l'animal bien à plat, défroisser ses oreilles, lui tâter le museau et enfin se laisser aller de l'épaule contre l'horloge.

— Je crois que c'est gagné! murmure-t-il.

Mais il se remet aussitôt debout. De l'eau, en vitesse. Une serviette. Il court, emplit d'eau une casserole, bonne idée qu'il a eue de faire amener l'eau courante, déplie une serviette puisée dans le buffet, la mouille, et, assis sur ses talons, il débarbouille la bête, lui humecte les yeux, fait couler quelques gouttes entre ses dents. Romulus tire une longue langue, halète un peu, et soudain c'est la rencontre, les yeux dans les yeux, de l'homme et du chien. Romulus regarde ce visage qui lui rappelle quelqu'un. Il pousse un mince petit gémissement qui vient du fond du nez, le cri du chiot qui cherche à se rassurer.

— Calme ! Calme ! dit G en caressant le flanc au poil rêche.

Romulus, la tête à demi soulevée, étudie cette silhouette dont l'odeur lui est plus familière que l'image. Et puis il laisse aller son museau dans la main qui le soutient et ferme lentement les yeux.

— Dors, mon bonhomme, dors pour de bon ! chuchote G en se redressant. On est copains, maintenant.

D'instinct, il sent qu'il est accepté. Il n'a aucune expérience vraie des animaux ; ce qui en tient lieu, c'est l'impression d'avoir été au coude à coude, avec eux, pendant ces interminables années d'enfance, et, s'il voulait préciser sa pensée, il dirait que les lions, les guépards, la panthère, les trois girafes et le chameau étaient des camarades de tranchée, des sortes de rescapés dont la guerre — mais quelle guerre — n'avait pas voulu. Romulus, c'est le bleu, le jeunot, qui débarque de son petit univers de caresses et de friandises dans un monde où l'on se tire dessus, sans pitié. Il va falloir lui faire comprendre que vivre, c'est dangereux, et que la seule façon de s'en sortir, c'est d'obéir à celui qui sait. Mais déjà il a fait son choix.

— Tu pues la bière, mon pauvre vieux, dit G. Pour peu que tu aies des puces, ça va être l'asile de nuit. Fais voir ta cuisse.

Le pansement a tenu bon. G commence à le développer. Tout en dormant, le chien émet une petite voix de protestation, un son haut perché qui supplie.

— Allons, grogne G, ne fais pas la fille. Et cramponne-toi ! Je vais t'arracher des poils.

Il retire la compresse. Un peu de sang suinte de la plaie. La patte s'agite. Le torse puissant menace de se soulever. G tâte le muscle autour de la blessure. L'enflure n'est pas inquiétante.

— Quinze jours de repos ! diagnostique G. Et pas de pansement. Ça va sécher à l'air. Dame, tu boiteras peut-être un peu ! Je m'en veux, tu sais. Je n'ai pas pu retenir mon coup.

Il s'assoit sur ses talons, ce qui est sa posture favorite.

— C'est ma patte gauche ! reprend-il. Je ne peux plus compter sur elle.

Il devine qu'il doit parler, tout bas, et entretenir un bruit de voix qui berce, qui engourdit l'animal traumatisé. Un nid de voix qui forme, autour de l'homme et de la bête, l'ambiance chaleureuse d'une tanière. Il attrape dans sa poche la pipe, la blague, le briquet, allume le tabac sans cesser de chuchoter.

— Toi, tu as des crocs. Moi, j'avais cette main. Regarde-la. Je sais bien que je suis fatigué, mais il ne faut pas me raconter d'histoires. Elle a la tremblote. Je ne serais même pas foutu de tuer un lapin, si je voulais chasser. Comment c'est venu ? Ah ! voilà la bonne question ! Je crois que... Comment dire ? Il y a des choses auxquelles je croyais et puis j'ai cessé d'y croire. Tu ne comprends pas ? Rassure-toi, moi non plus...

— Imagine que d'un coup tu cesses d'aimer la viande... Eh bien, c'est pareil pour moi. (Il rit.) Tu es venu et tu as remplacé la viande... Mais, à propos de viande, excuse-moi. J'ai oublié de prévenir Julien que nous sommes là.

Il se tait, observe Romulus, dont les ondes du grand sommeil font trembler fugitivement les paupières et le coin des lèvres. Tout doucement il se lève et va dans la pièce qui fait face à la salle à manger, de l'autre côté du vestibule. Ça pourrait être un bureau. C'est en fait son bric-à-brac, son coin de prédilection, où il bricole, monte des lignes, rabote et cloue. Et pour ne pas avoir à courir, il a installé son téléphone, dans une petite niche, à côté de l'établi. Il décroche.

— Allô, Julien... Oui, je suis rentré ce matin. Non, je ne suis pas tout seul. J'ai ramené le chien d'un ami. Je te raconterai. Mais, en attendant, pourrais-tu dire à ton commis qu'il m'apporte à manger. Eh bien, un rôti de bœuf, des côtelettes, un morceau de jarret et quelques os... Mais attention, mon pensionnaire est un grand chien-loup. Il ne lui faut pas des amuse-gueule. Je monterai bientôt au village. Comment?... Oui, bien sûr, je resterai quelque temps. Merci, hein.

Après le boucher, il appelle Fernand. C'est l'épicier. Ici, on ne s'appelle que par son prénom. Il énumère tout ce qu'il a besoin de loger.

— Mais tu vas soutenir un siège! plaisante Fernand.

Le mot éveille un écho désagréable dans l'esprit de G.

— Non! proteste-t-il vivement. Mais je vais passer l'été ici.

— Je te fais porter tout ça, ce matin, d'un coup de camionnette.

— A part ça, rien de neuf?

— Non. Si quand même! Le vieux curé est mort, dans son confessionnal. On croyait qu'il dormait. Pas du tout. Mais tu t'en fous. Enfin, si tu veux tout savoir, c'est un autre qui le remplace, un petit jeune ; si tu le vois passer sur sa mobylette, ne t'épate pas.

— Bon, bon ! coupe G. A tout à l'heure.

Ainsi, peu à peu il rétablit les contacts. Il se persuade qu'il est là pour longtemps afin de ne pas laisser fuir ce sentiment de paix qui ressemble tellement à ce qu'il n'ose appeler du bonheur. Il revient sur la pointe des pieds dans la cuisine. Malgré ces précautions, Romulus ne dort plus. Il surveille la porte, assis de travers sur la cuisse qui ne lui fait pas mal, planté sur ses pattes antérieures, la tête basse, les oreilles questionneuses, il regarde, méfiant, et récupère une bonne partie de sa langue avant de pousser un court aboiement qui salue mais sans se livrer.

— Eh bien, dit G doucement, c'est moi, quoi !

La queue remue, mais il y a encore quelque chose comme de l'appréhension dans le mouvement du museau qui hume à petits coups. G s'approche, d'un pas franc et assuré. Il tend la main. Aussitôt le chien, en dépit de sa blessure, n'est plus qu'un tremblement de joie. Il rampe, en remorquant sa patte qui saigne encore un peu, il lèche tout ce qu'il trouve, la main, l'autre, et le visage qui s'offre à lui, et il oublie qu'il a mal, en essayant de se mettre tout droit contre le maître enfin trouvé.

— Sage ! Sage !... Couché.

G se rend compte, à ce moment-là, que Romulus a tout à apprendre. Le chenil a dû le livrer au président Langlois tel quel, tout naïf et sauvage qu'il était après le sevrage. G a beau ordonner « Au pied », Romulus n'obéit pas. Il ne sait pas ! Eh bien, tant mieux ! Tout se passe comme s'il se donnait à quelqu'un pour la première fois. G l'empoigne par le collier et le ramène de force sur la couverture.

— Couché. Tu restes là.

Romulus se laisse basculer sur le flanc, la tête à demi relevée pour suivre les gestes de l'homme. Ce doigt dressé, cela doit signifier qu'il faut rester tranquille, sinon... Romulus s'apaise, mais, dès que le maître fait mine de s'éloigner, c'est plus fort que lui, il est déjà debout, et pourtant ça fait mal.

— Couché !

Quelle voix de colère, soudain ! Le chien pousse un petit jappement. Chez les loups, on laisse le dernier mot au plus fort, mais non sans marquer qu'on n'est pas d'accord.

— Je vais revenir ! promet G. Il faut bien que je rentre l'auto. Et en effet, cette auto louée à Paris ne peut pas stationner longtemps devant la maison. Bien vite, on se poserait des questions, au village. S'il n'y avait pas le chien, G irait jusqu'à Nantes et la laisserait sur le parking de la gare. Un coup de fil chez Avis pour qu'on vienne la chercher et G n'aurait rien à se reprocher. Malgré sa vie livrée à tant de hasards, il est discipliné. Les règles, il s'en moque ! Mais les codes il faut les respecter. Seulement pas moyen de laisser Romulus seul. Il se croirait abandonné. Déjà, on l'entend qui tempête derrière la porte refermée, tantôt d'une voix basse, rauque, furieuse, tantôt d'une voix pointue et suppliante. Il n'a pas encore retrouvé le hurlement du loup à la lune, mais il ne va pas tarder à le réinventer, pour punir le maître. Aussi, G se hâte-t-il de se remettre au volant et d'amener la voiture derrière la ferme, entre la cuisine et le jardin. Elle devient ainsi invisible de la route. G, par jeu, la main sur la poignée de la porte de la cuisine, fait sa grosse voix pour dire :

— Qu'est-ce que j'entends ?

Aussitôt, comme un gamin grondé, le chien se tait. Il souffle à la rainure, puis gratte.

— Arrête-toi, abruti. Tu vas te faire mal !

G entre et les embrassades recommencent.

— Ça suffit ! s'écrie G. Quand on boitille comme ça, on reste tranquille. Au coin ! En vitesse !

Romulus comprend vite. Il veut retourner dans son coin mais G le retient.

— Minute ! Le pipi d'abord. Puisque tu tiens à marcher, hop, dans le jardin.

Et Romulus, docile puisque son maître est là, fait un tour du jardin en sautillant sur trois pattes. G lui flatte l'encolure.

— Très bien. Et maintenant, chef, au lit. Dès que le boucher sera passé, on s'occupera de toi. Et puis, tu vas tâcher de la boucler ! Qu'il n'aille pas raconter partout que j'ai ramené une espèce de fauve.

Romulus se le tient pour dit. Il se relève, bien sûr, quand il entend une voix inconnue dans le vestibule. Il renifle sous la porte. Mais il reste silencieux, et pour finir, car ça cause, ça cause à côté, il se couche le long de la porte. Le visiteur s'en va. Un autre survient. Romulus ne s'ennuie pas trop. Tant que flotte la bonne odeur du maître, le temps ne compte pas. Une odeur qui subsiste, à travers de violentes senteurs de choses qui sentent la terre. Romulus somnole tandis que G referme le sac qui contient les légumes. Il accompagne l'épicier jusqu'à la route.

— Demain, mets-moi le café et le sucre. Et puis... ho ! Fernand... si tu pouvais m'avoir du Pal, ou du Frolic. Compte une douzaine de boîtes pour commencer. Le copain, faut pas lui en promettre ! Adios ! Et merci !

Quand G revient, il embaume la viande crue et les carottes, les poireaux, rien que des choses gaies. Romulus esquisse un saut de joie et n'a que le temps de se rattraper. Il voudrait bien, aussi, se mettre debout, une patte au bord de la table, pour surveiller, mais c'est trop difficile. Impossible d'aider le maître à ouvrir ses paquets. On peut du moins rôder autour de ses jambes et, de temps en temps, s'inventer une voix quémandeuse, sans insister mais voilà que tombe d'en haut un lambeau de viande rouge. Il est saisi au vol. Il a disparu si vite que Romulus se demande s'il ne l'a pas perdu et, tout en se léchant les babines, il flaire le sol, en quête d'un miracle.

— Espèce de goinfre ! dit G. Tu en auras tout à l'heure mais ne me bouscule pas. Attrape ça.

C'est blanc. C'est cartilagineux. Ça craque sous la dent. Ça mérite qu'on prenne son temps. Romulus s'accroupit et serre le délicat morceau entre ses pattes pour l'attaquer avec ses grosses dents, la tête penchée et les yeux clos. Il y a de l'os, dans cette succculente viande. De lui-même, Romulus l'emporte sur sa litière, lèche et relèche le fragment d'os jusqu'à le rendre brillant comme de l'ivoire. Il cesse un instant de surveiller le cuisinier qui s'active devant son fourneau.

— Attrape !

Ça, il le comprend du premier coup. Avec une promptitude d'otarie jonglant avec un ballon, d'un mouvement foudroyant du cou et du museau, il happe l'offrande. A peine s'il la mâche. Il est déjà de retour à son os, une oreille cependant tournée vers la table où se préparent des choses si savoureuses.

— Tu sais, dit le maître, il faudra que tu manges aussi du riz et des pâtes.

Aujourd'hui c'est spécial.

Il se lave les mains sous le robinet, au risque de gâcher les bonnes odeurs qui s'attachent à ses doigts, et puis il va s'enfermer dans la pièce où il a déposé ses paquets. Romulus hésite, mais les bruits sont comme les relais des odeurs. Le fil d'amour n'est pas rompu et il y a des fissures si captivantes dans l'os qu'on est obligé de les explorer sans délai.

G, enfin tranquille, déballe ses affaires, les range dans les placards qu'il a construits de ses mains, le pistolet dans un tiroir, avec les jumelles, et puis le linge, la pharmacie, la pelote de nylon. Il hésite devant le fusil démonté, mais il pense que Romulus l'a vu, au moment où il a été blessé. Si maintenant le chien revoyait la même image terrifiante, tout serait fini entre eux. Qu'il ne soit plus question du fusil. Et pourtant...

G s'assoit sur le coin de son établi. Quand il ne s'accroupit pas sur les talons, il se hisse d'une fesse sur le rebord des meubles. Ça l'aide à réfléchir. Et maintenant que le grand voyage est terminé, il a grand besoin de s'interroger. Il bourre sa pipe et s'efforce de regarder en face la situation. La police va nager. Enquête sur le président. Enquête sur l'agence qui a loué la villa. Enquête sur la mystérieuse disparition du chien, tout cela va prendre un temps fou. Le mois des vacances se prête mal à des investigations sérieuses. Ce n'est pas de ce côté-là que viendra le danger, s'il doit venir un jour. C'est

M. Louis qui demeure redoutable. G ignore l'étendue de ses moyens, mais il a toujours eu l'impression que M. Louis savait tout sur tout le monde. Un maître chanteur d'une espèce nouvelle, avec la multitude de ses renseignements sur ordinateur ! A l'heure actuelle, ce qu'il cherche, à l'insu de la police, ce sont les papiers du vieux, ces papiers que G devait expédier à une boîte postale, sous le nom d'Évelyne Mercadier. Et il est certainement décidé à les reprendre par la force ! Alors ? Négocier ? Les papiers contre la vie sauve ? Mais M. Louis promettra tout ce qu'on voudra. Il n'a pas de parole. Résister ici ? Il lancera ses tueurs à l'assaut. Fuir ? Avec un chien qui boitille et que tout le monde remarquera !

Une seule solution : attaquer le premier. Mais où ? Comment ? Ça ne tient pas debout, et pourtant... C'est toujours sur ce « Et pourtant » qu'il vient buter. Cela signifie — mais comme à tâtons — que le regard de Romulus, ce regard si franc, si incapable de rancune, ah ! comment s'avouer cela... on a honte d'être aimé par lui, voilà. On voudrait lui dire : je regrette... tout. Je regrette de t'avoir fait mal, ça, tu le sais ! Mais je regrette aussi d'être moi. Je voudrais nous venger tous les deux, parce que, moi aussi, je suis une pauvre bête, comme toi. A cause de cet homme. C'est pourquoi il faut le détruire !

G écoute... Qui est-ce qui est en train de renifler, sous la porte ? Il a fini de ronger son os et il vient me prévenir. Et pas moyen de lui dire « Fiche-moi la paix » parce que ce n'est pas vrai. La paix sans lui, ce serait pire que la paix avec lui. Il faut bien lui ouvrir la porte.

— Allons, viens ! Et pas de lécheries ! Faut toujours que tu bizouilles.

L'attaché-case qui contient les papiers est là, au milieu de l'établi. Après le repas, quand Romulus dormira, gavé, il sera temps d'examiner toutes ces paperasses.

— A table, chef. J'espère que mon rôti est à point.

Le déjeuner dans la cuisine. Le premier. Romulus s'assied maladroitement près de G. Sa cuisse est sûrement encore très douloureuse. Il garde la tête levée. Il surveille le trajet odorant de la fourchette à la bouche du maître. De temps en temps il ramasse sa langue, toujours pendante, et semble la mâcher, mais c'est pour flairer la blessure qui commence à cicatriser. Puis il reprend sa faction. G a beau déposer sur une assiette quelques débris, la vraie place pour goûter le festin dont il ne surprend que des effluves éphémères, c'est là au pied de la table. Sa queue remue quand il voit passer un morceau plus subtilement parfumé que les autres. Sa truffe tremble un peu et sa patte gauche esquisse un mouvement vers le genou du maître.

— Calme ! Calme !

Et G laisse pendre sa main, à la recherche du museau offert. Il lisse, du bout des doigts, le pelage si fin, autour des oreilles qui se couchent pour être mieux palpées, autour des yeux qui se ferment, palpitants, sous les paupières closes, pour se rouvrir comme deux étoiles chaudes. G n'est plus seul et c'est un sentiment tout neuf. Tout en s'avisant qu'il faudra commander de la moutarde et puis des choses faciles à emporter en pique-nique, car la forêt voisine invite aux longues promenades, et aussi des boîtes, beaucoup de boîtes de Frolic et de Pal, pour assouvir l'appétit grandissant du petit jeune homme assis le long de sa jambe, il se demande pourquoi il n'a pas pensé plus tôt à avoir un chien. Par commodité, bien sûr. Il s'absente trop souvent et il découvre qu'on ne peut pas coller un chien en pension comme on gare une auto au parking. Mais d'abord quel chien ? Il méprise ces espèces de bestioles qui ont des têtes de chrysanthèmes et même, ça va plus loin, il méprise surtout les bonnes femmes à chiens-chiens, les mamours, tous ces jeux de petites filles en mal de poupées ! Au fond, il a toujours été le chef de meute dans sa meute. Voilà pourquoi ils se sont reconnus tous les deux, pas vrai, l'artiste ?

Et il tend un délicat fragment de peau de rôti, sans regarder. Ce n'est pas nécessaire, en effet ! Le morceau est saisi par une gueule aux aguets, qui se referme en claquant comme un étui à lunettes. Doucement, doucement, il faut apprendre. Comme c'est curieux de s'apercevoir qu'on ne se dit plus « Et moi » mais « Et lui » ! C'est une présence légère comme une ombre, qui double chaque réflexion et lui ôte sa sécheresse coupante. « Si maintenant j'apprends la douceur, songe-t-il, je suis foutu ! Et ça m'est tombé dessus, comme ça, parce que j'ai eu la déveine de rater mon coup. Et il est là, hein que tu es là, sale petit morpion ? »

Les doigts grattouillent le sillon de souci qui va des oreilles au museau. G n'a pas besoin de surveiller sa main. Elle est peut-être devenue incapable de soutenir une arme, mais elle a pris tout de suite la mesure de cette grosse frimousse poilue que le toucher du maître hypnotise. C'est si amusant, ce dialogue muet entre celui qui mange en apparence sans se laisser distraire et celui qui semble écouter et saisir au vol les mots qui ne sont pas prononcés. Vient le dessert, c'est-à-dire la pipe, et Romulus n'aime pas beaucoup ces jeux d'allumettes, ces jets de fumée qui le font éternuer avec une mimique qui n'ose pas être un grief. Un tour de jardin, pour se dégourdir.

— Oh ! mais, dis donc, tu boites de plus en plus. Viens ici que je regarde.

G force Romulus à se coucher sur le molleton et palpe la cuisse, très doucement. Romulus gémit un peu, du fond du nez.

— Qu'est-ce qui m'a fichu un paroissien aussi douillet, s'écrie G, en prenant ce ton bougon qui plaît au chien.

Et pendant qu'il tamponne la plaie un peu enflammée avec du mercurochrome, il cause sans arrêt. Il a compris qu'il faut causer pour deux, et que la bête, d'instinct, sait trier le sens des paroles. Il y a les mots « chien » et les mots « homme », presque les mêmes, mais on n'a pas trop de ces grandes oreilles pour analyser, et il convient de faire vite. Quand on perd le fil, reste qu'on peut faire entendre une sorte de cri modulé que Romulus n'a pas encore bien mis au point, mais qui intéresse le partenaire.

— Quoi ? dit G. Qu'est-ce que tu racontes ? Farceur, va !

Les soins, c'est déjà fini. Romulus veut se lever.

— Non. Tu restes là. Tu roupilles. J'ai du travail.

Un mot inconnu, mais sinistre, puisqu'il s'en va dans l'autre pièce. C'est quand même dur de faire plaisir.

Chapitre 6

G dispose soigneusement les classeurs, les lettres, les notes. Dans sa précipitation, il a tout mélangé, mais le président Langlois était un homme méthodique et le contenu de chaque chemise est indiqué sur des étiquettes : *Courrier, Indosuez, Adresses, Lettres, Doubles, Divers, Chien...*

Chien ? Ça signifie quoi ? G commence à feuilleter. C'est le dossier de Romulus. Il y a un peu de tout, là-dedans. D'abord un certificat d'origine, une sorte de passeport.

Nom du chien : Romulus.

Race : berger allemand.

Sexe : masculin.

Couleur de la robe : noir et fauve.

Nature du poil : poil de couverture : dense et droit. Au cou, poils longs et forts. Partie supérieure de la cuisse formant culotte.

Taille : normale.

Né : le 20 mai 1987.

Immatriculé au fichier central : n° 422.

Défaut : croupe fuyante, queue en crochet.

— Quoi ! s'écrie G. En crochet ! Sans blague.

Il va ouvrir la porte et Romulus se faufile presque entre ses jambes, court autour de la pièce, flairant partout. G le rattrape et l'immobilise par son collier.

— Fais voir ta queue. Elle est très bien, cette queue ! Y en a qui sont jamais contents ! Et ça : « croupe fuyante » ? Elle est parfaite, cette croupe. Couché. Pas bouger. Je travaille.

Il poursuit l'étude de l'imprimé, murmurant :

— Tatoué, oui... derrière l'oreille. Et des tampons, des cachets, bon, bon !

On le voit bien que tu es un beau chien. Ah ! voici qui est mieux. Façon de parler ! La personne tapait comme un cochon. Alors ? « Deux repas par jour — Viande de cheval hachée et bien maigre. Pain, riz et son. Farine de poisson. Sels minéraux. Germes de blé. Pas plus de deux livres de viande par jour.

« Les repas doivent être servis à heure fixe. Se méfier des aliments en boîte qui, à la longue, peuvent se révéler nocifs. »

G repousse le document et soupire.

— Mon pauvre vieux ! On n'est pas sortis de l'auberge ! Attends, je vois encore quelque chose au dos de la feuille.

« En cas d'urgence, dans l'attente du vétérinaire, il est prudent d'avoir une trousse de pharmacie.

« Des bandes, du coton, de la gaze »... Oui, j'ai ça !

« De l'eau oxygénée, du mercurochrome, du sparadrap »... Oui, j'ai ! « De la poudre à la pénicilline, des ciseaux et des pinces chirurgicales... » En gros, nous possédons tout ça, pas vrai l'artiste ? Eh bien, tu vois, le plus dur, ce sera de dégoter de la viande de cheval. Celle-là, on n'en veut pas ici. Du gibier, tant que tu voudras. De la cochonaille, très bien. Mais le cheval, ce n'est pas pareil. C'est un peu comme un copain.

Il relit la fiche.

— Donc, continue-t-il, nous avons un peu plus d'un an. Voilà pourquoi nous sommes si mal élevé. On ne sait pas encore se tenir. Et ça, qu'est-ce que c'est ? Écoute.

Bien cher ami,

Je voudrais de tout cœur que nous nous séparions gentiment comme de vieux amis. L'amitié, après tout ce que nous avons été l'un pour l'autre, c'est plutôt un mot déchirant. C'est pourquoi je m'en tiendrai à ces quelques lignes. Je suis résolue à partir chez une amie qui habite Rome. M'en laissera-t-il la possibilité ? Si vous n'entendez plus parler de moi, vous saurez ce qu'il vous reste à faire. Et vous, gardez-vous bien. Évidemment, il est au courant de tout, car il ne cesse pas de me faire espionner, mais, vous sachant sur vos gardes, il n'osera rien contre vous. D'ailleurs, est-ce qu'il ne vous a pas tout pris ? Et moi il m'a dépouillée. Alors, bonne chance, mon cher ami. Résignons-nous ! Nous avons perdu la partie. Mais lui-même finira bien par se perdre, à force d'orgueil. Je prierai pour vous. Adieu.

Amicalement.
Patricia

Il plie la lettre, tout en répétant : Patricia. Patricia. J'en ai connu une... Patricia Lambesq. C'est tellement loin, tout ça !

Il s'adresse à Romulus :

— Belle fille, tu sais ! Tous les mâles lui cavalaient

après. T'aurais vu cette poitrine. Elle faisait la pige à la Lollobrigida ! Ça m'étonnerait que ce soit la même.

Il suce sa pipe, pensivement.

— Si j'ai bonne mémoire, elle était de Dax, d'une mère espagnole et d'un père toulousain. C'est du moins ce qu'elle racontait, mais elle racontait n'importe quoi, pour le plaisir de mentir. A ce degré de misère, mentir est le seul luxe, mon pauvre vieux. A l'époque, je vivotais, moi-même, n'importe comment. Elle était entraîneuse au Léthé, une boîte crasseuse, du côté de Pigalle ! Et moi, j'étais le partenaire de Jim la Gâchette, à Médrano.

Il rit et machinalement secoue sa pipe sur la paume de sa main.

— Tu aurais vu ! continue-t-il. On faisait un numéro de gangster du temps des incorruptibles. Ah ! ça t'aurait excité... le feutre gris sur l'œil, la mitraillette au poing. Et tatata... A tout va. Il y avait un décor truqué qui s'écroulait dans un vacarme de verrerie pulvérisée... La mitraillette, c'était moi. C'est comme ça que tout a commencé... du moins, il me semble. Ce n'est pas à toi que j'irais raconter des blagues. Ce qui est sûr, c'est que la Patricia m'est tombée dans les bras à cause de ma seringue, et de mon Borsalino ! Oh ! ça n'a pas duré très longtemps. La mienne, de Patricia — pas celle de Langlois —, avait un caractère impossible ! Et puis elle fumait des cigarillos infects... Tu m'écoutes ?

Les oreilles pointent. G a baissé sa main pour les caresser, avec le dos des doigts, douceur contre douceur.

— Et puis, murmure-t-il, il y a autre chose ! Elle et moi, on était des solitaires. Tu crois qu'un couple comme ça, ça roule ensemble ! Eh bien non ! Au premier carrefour, adios ! Chacun tire de son côté. Et des carrefours, notre vie n'était faite que de ça !

Il bourre sa pipe avec un soin méticuleux. Il aime presque mieux bourrer que fumer ! Il reprend la lettre et la relit.

— Tu te rends compte, dit-il. C'est foutrement bien tourné ! Ma Patricia savait à peine écrire. Ça ne peut pas être elle. Je sais bien qu'elle lisait beaucoup ! Et puis, les bonnes femmes, tu les habilles, tu leur apprends à causer, et leur instinct fait le reste. La greluche devient un prix de Diane !

Il rêve un instant. Par la fenêtre ouverte on entend, au loin, les coups réguliers d'une cognée et l'aigre sifflement d'une tronçonneuse. Au bout de l'allée forestière qui débouche sur la route, on aperçoit une charrette arrêtée. Parfois, une feuille brûlée par l'été se détache de la futaie et descend, avec les caprices et les détours d'un jouet.

— Pas vrai qu'on est bien ? dit G. Après tout, qu'est-ce qu'on en a à foutre, de toutes ces paperasses ! Regarde-moi cette chemise : *Indosuez*. Le pauvre bonhomme ! Il ne pouvait pas aller en vacances les mains dans les poches, comme tout le monde !

Il tire de la chemise des bordereaux épinglés ensemble.

— Ah ! s'écrie-t-il, voilà peut-être l'explication. Encore une lettre.

Il la parcourt des yeux.

— Hé ! On en apprend, des choses ! Il a un découvert, le père Langlois. C'est là, noir sur blanc ! Je passe sur le charabia administratif ! Mais les chiffres, ce n'est pas du charabia. Et si je sais lire, je vois ce que je vois... Trente mille francs. On lui coupe son crédit. Ça vaut la peine qu'on examine les mouvements de son compte.

Il feuillette la liasse des extraits.

— Faudrait un comptable ! grogne-t-il. Mais enfin, à ne regarder que les derniers relevés, il est évident qu'il sortait régulièrement des sommes importantes. Tu veux que je te dise ? Eh bien, ça sent le chantage. Attends, rappelle-toi la lettre de cette Patricia... *est-ce qu'il ne vous a pas tout pris*. Ce bon M. Louis ! Comme on se retrouve ! Alors le vieux ne pouvait plus payer ? On lui envoie le bourreau ! Et le bourreau, c'était moi ! Il réfléchit, sans cesser de promener ses doigts sur le dos du chien. Le P.-D.G., Patricia, M. Louis et lui-même, quelle étrange rencontre, logique à un certain point de vue, mais en même temps tellement improbable et mystérieuse !

Récapitulons :

— Je suis envoyé par M. Louis. Bien tenir le bout du fil. Le malheureux Langlois est devenu dangereux. Pourquoi ? Pour une raison qui doit se trouver dans ces papiers, puisque j'avais mission de les expédier sans perdre de temps. Cause probable, il ne pouvait plus payer. Mais une certaine Patricia joue un rôle entre ces deux hommes. Je dirais qu'elle a été la maîtresse des deux, et que M. Louis s'est servi d'elle contre l'autre. Il avait le moyen de la forcer à obéir et elle, à son tour, contrôlait le pauvre bougre de président, jusqu'au moment où elle a compris que la partie était perdue. Alors elle se tire exactement comme l'autre Pat s'est tirée. Tu me suis ? Je ne me suis pas trompé ? Je tiens toujours le bon bout ?

Romulus pousse un grand soupir, comme s'il avait

compris les paroles de son maître, puis il s'assied et fouille activement du museau sa fourrure de poitrine. Toi, promet G, je vais te nettoyer à fond, dès que tu iras mieux. En attendant, la situation n'est pas brillante ! Nous avons disparu tous les deux, et si nous sommes terrés quelque part, c'est évidemment avec l'intention d'utiliser contre lui les armes dont Langlois lui-même aurait disposé, car s'il était urgent de le supprimer, c'est bien qu'il était devenu un danger. Et il sait ce que je vaux, M. Louis ! Il va donc essayer de me localiser pour négocier. Combien, pour les papiers du vieux ? 100 000 francs ? 200 000 ? Et bien entendu, pendant ce temps, il mobilisera un collègue qui m'exécutera proprement. Avec lui, il n'y a pas de paix possible.

Il se lève et aussitôt Romulus est debout.

— Non, non ! dit G. On ne sort pas. On se contente de penser, là, entre les oreilles. M. Louis a des troupes, de l'argent, des protections. Il est beaucoup plus fort que nous. Mais je ne lui ai jamais confié que je possédais cette petite propriété. C'est notre bunker. Il va me chercher à Paris. Personne ! Oh ! je sais ! Tu vas me faire remarquer que je ne le connais pas. Il se présenterait ici sous n'importe quel prétexte, je ne pourrais pas tirer le premier ! Avoue que c'est presque comique. Chacun cherche l'autre à tâtons, car, de mon côté, je ne vois pas bien comment m'y prendre pour le contacter. Reste qu'au lieu de ruminer pour rien, je ferais mieux de me remettre au travail. Et de me taire ! Je n'arrête pas de parler, depuis que tu es là. C'est du gâtisme. Allez, fils, au boulot !

Il y a encore une lettre dans la chemise marquée

Chien. Elle est de la main du président. Dans le coin gauche, on lit : *Cimenteries du Sud-Ouest. Siège social, Bordeaux, 225, rue Judaïque. Tél. : 88 84 01*. Et une seconde adresse, au-dessus : *Jean-Paul Langlois, 115, bd Saint-Germain, Paris 6ᵉ. Tél. : 42 63 06 82*. Le texte est court, écrit d'une main ferme.

Monsieur,

Il y a peu, on vous a acheté un très beau berger allemand : Romulus, né le 20 mai 1987, immatriculé 442. On m'a offert ce chien, croyant me faire plaisir. Or, je suis un vieil homme encore très occupé. Je n'ai pas le temps de soigner cette bête comme il conviendrait. Bref, je vous demande si vous ne pourriez pas le reprendre, moyennant — cela va de soi — une indemnité à débattre. Voici mon adresse de vacances : Jean-Paul Langlois, villa Les Troènes, *rue Punett prolongée, 63140 Châtelguyon.*

G hoche longuement la tête, se gratte, se balance rêveusement sur les pieds de sa chaise.

— Ainsi, dit-il, on voulait te larguer. Tu avais déjà la vocation de la rue, toi aussi. Qu'est-ce que tu serais devenu ?...

Il suce le tuyau de sa pipe et reprend à voix basse, comme s'il ne voulait pas être entendu :

— Qu'est-ce que nous allons devenir, tous les deux ?

Il remet la lettre où il l'a prise, et ouvre la chemise marquée *Courrier*. Elle ne contient qu'une lettre, ou plutôt un brouillon de lettre, à en juger par les ratures.

Mon cher Paul,

Je suis installé à Châtelguyon comme j'aurais pu, en vérité, m'installer n'importe où. Je ne suis plus qu'une vieille carcasse pourrie et encrassée et il se pourrait bien que je prenne le parti d'en finir, quand j'aurai réglé quelques comptes. Je n'ai plus le sou, tu t'en doutes ! L'usine va passer en d'autres mains. Je n'ai plus ni famille ni proches d'aucune sorte, sauf toi, mon cher Paul, le confident de toujours et toujours aussi indulgent. Merci. Peut-être crois-tu que je cède à la fatigue d'une existence brûlée par les deux bouts, comme on dit. Et c'est vrai que je me sens immensément fatigué. Mais ce n'est pas cela. Le chantage qui dure depuis si longtemps et qui a fini par me ruiner n'est pas la seule cause de ma décision. Sans entrer dans les détails — du moins pas aujourd'hui —, je suis vilainement coincé dans une affaire dont je n'avais pas vu, au départ, toutes les implications politiques. Et puis il a fallu que le petit Bernède se fasse tuer au moment où il passait clandestinement en Espagne et tout va s'ensuivre, je le sens : enquête, dénonciations calomnieuses, personnel en grève, une histoire entièrement forgée de ballets roses et, à l'arrière-plan du scandale, la main, comme toujours, de celui qu'on appelle M. Louis et dont j'aimerais savoir qui, de haut, le protège. Un personnage comme celui-là, cela s'abat sans pitié. Mais où trouve-t-on des tueurs ? Cependant j'ai réuni, patiemment, un dossier contre lui, avec l'aide d'une femme qui a été pendant longtemps son âme damnée (et aussi la mienne. Mais à ce sujet je te laisserai une lettre explicative). Que ce dossier tombe entre les mains d'un magistrat intègre et, s'il y a encore une justice, c'en sera fini de M. Louis...

G interrompt sa lecture et va repousser un volet que le vent plaque contre la fenêtre.

— Le temps va changer! pense-t-il. Mais quelle histoire! Je comprends maintenant pourquoi il fallait se dépêcher de supprimer le vieux!

Il s'assoit par terre, à côté de Romulus qui allonge le cou et pose sa tête sur le genou du maître. G reprend sa lecture.

... Je n'ai plus qu'une hâte, mon cher Paul : réunir toutes les pièces qui pourront l'accabler. J'ai tout dans la tête, les noms, les dates, tout. S'il s'en doutait, je ne donnerais pas cher de ma peau. Mais que je puisse disposer de quinze jours à trois semaines, et c'est moi qui aurai le dernier mot. Je dispose d'une petite provision de Valium. Je me suis renseigné. On glisse sans souffrir de l'autre côté. Tu vas te récrier, me défendre d'aller jusqu'au bout... Mais imagine-toi que j'en sois au dernier stade d'un cancer. Alors laisse-moi faire. Je n'ai même pas mérité de m'en aller ainsi, sans secousse, sans spasme, à l'heure choisie. A bientôt, mon cher Paul.

Bien affectueusement

Post-scriptum : *tu as cru bon de m'offrir, pour veiller sur moi, ce superbe Romulus. Hélas! Je crains bien qu'il n'arrive trop tard. Il est magnifique mais, vois-tu, je suis un peu vieux pour lui. Enfin, si je désespère, n'aie pas peur. J'aurai pris toute disposition utile pour que le chenil fasse le nécessaire.*

— A l'heure choisie! dit G. Misère! Je suis intervenu trop tôt. Son fameux dossier ne sera jamais complet. C'est encore M. Louis qui gagne. Pousse ta tête, chien ! J'ai des fourmis.

Il se relève, se frotte la jambe, et hésite devant les classeurs. L'étiquette portant le mot : *Adresses* le sollicite. Il s'agit d'un agenda réclame 1987, au nom des Cimenteries du Sud-Ouest. G croyait qu'il allait faire quelque découverte de première importance. Il est tout de suite déçu. Seules les pages réservées au samedi contiennent quelques lignes.

Janvier : hôtel de Bretagne. Lucette. Jolie blonde. Un peu molle et d'une sottise rebutante. Petite prestation : 12.

Février : rue Lepic. Gladys. Une espèce de souillon manucurée et portant perruque. Mais très douée. Sans hésitation : 16. *Hôtel des Flandres.* Hilda. Trop grasse. Vivement que Pat soit de retour ! Un petit 11 et c'est bien payé.

G feuillette, intéressé çà et là par certaines remarques plus crues. De toute évidence, le P.-D.G. était un vieux dragueur qui ne dédaignait pas les sensations fortes. De Bordeaux, il montait à Paris pour le week-end, et là il se défoulait. Mais qui lui procurait les adresses ? Probablement son amie en titre : Patricia. Cette Patricia semblait voyager beaucoup et G commence à se construire un roman, à grand-peine, comme quelqu'un qui n'a pas l'habitude d'en appeler à l'imagination. Mais certains rapprochements se font tout seuls. Si Patricia fournissait à son amant ses maîtresses d'un soir quand il venait à Paris, c'était sans aucun doute avec l'accord, ou même sur l'ordre de M. Louis. Mais alors cette Patricia connaissait donc intimement le milieu des putes et des call-girls. Et il a beau se dire qu'il se trompe, il voit se rejoindre et se confondre les deux images, celle de Patricia Lambesq, la Patricia d'autrefois, et celle, floue et pourtant vivace, de la Patricia d'aujourd'hui. Impossible ! Aberrant ! Mais la superbe Patricia Lambesq, qui vivait de strip-tease, n'était-elle pas déjà toute prête à entrer dans le monde secret de la nuit ? Il lui suffisait de trouver un protecteur efficace et jaloux ! Qui ?

G se penche sur Romulus et lui demande : « Qui ? » Il répond pour le chien. « M. Louis. » Eh oui, M. Louis, toujours ! M. Louis partout, pire que le sida. Voyons la suite, juillet, par exemple.

Juillet : impossible d'avoir Fernande. Elle est avec un homme d'affaires argentin. Bref rendez-vous chez Zaza, une perruche qu'elle m'a pourtant recommandée. Les filles maintenant, c'est du fast-food ! Vivement Pat. 8 1/2. Pas 9 : elle a les ongles sales.

Août : enfin Pat. Rentrée de New York — pas d'explication. J'ai cependant compris qu'elle est chargée de lancer une boîte de nuit.

G donne un coup de poing sur la table.

— C'est lui qui finance ! s'écrie-t-il.

Romulus se dresse vivement et G le caresse, derrière les oreilles.

— Je t'ai fait peur, mon bon chien. Ne fais pas attention. Ce n'est rien. C'est cette salope qui me met les nerfs en boule. New York ! Je t'en foutrai !

Il se fouille et grogne.

— Du coup, je n'ai plus de tabac. Fais-moi penser à dire à Julien qu'il m'en apporte. Je lui téléphonerai tout à l'heure.

Il revient à l'agenda.

Octobre : elle a une crise de sciatique. Elle me donne le numéro d'une copine, Myriam. La classe. Un trois-pièces charmant, qui ouvre sur le Bois — 18, sans hésiter. Mais il n'y a qu'avec Pat que je peux causer. Elle me raconte, quand ça la prend, des souvenirs à n'en plus finir. Elle a eu des débuts plus que difficiles. Et des amants en quantité. Elle ne s'en cache pas. Elle voit mieux, ainsi, d'où elle vient. Elle se rappelle, notamment, un garçon dont elle a oublié le nom. Il faisait un numéro à la carabine. Ces détails l'amusent et moi, pauvre bourgeois de province, je reprends, le soir venu, le rapide de Bordeaux, malade de la quitter et encore plus malade de ses confidences. J'aimerais, moi aussi, faire un vrai numéro de tir à la carabine, au lieu de tirer, de temps en temps, avec des amis, sur des pigeons d'argile.

G referme l'agenda d'un coup sec.

Oui, il l'avait deviné, Patricia c'est Pat. Elle, M. Louis, feu Langlois, Romulus, G lui-même, ils sont enfermés dans le même cercle. Tous les cinq ! Et maintenant tous les trois. Et le mois prochain combien ?

— Sortons ! décide G. J'en ai assez de cette saloperie.

Il siffle, sans trop faire attention et parce qu'un chien ça se siffle. Et, miracle, Romulus a compris. Il frétille devant la porte et il approuve de la queue. « Oui ! sortons, tous les deux. »

Se ravisant, G rebrousse chemin.

— Tu permets. Je voudrais vérifier quelque chose.

Il cherche dans les dernières pages de l'agenda, hoche la tête.

— C'est bien ce que je pensais. Il a noté tous les numéros de téléphone. C'est à voir ! Allez, en route !

Chapitre 7

En quelques enjambées, on est dans la forêt. Romulus, en avant, court à droite et à gauche, ne sachant plus où donner du museau, déjà saoulé de senteurs. C'est sa première grande sortie. Il est passé du chenil aux *Troènes* comme un prisonnier transféré d'une prison à l'autre. Il découvre l'espace, le sous-bois, les mille traces odorantes des bêtes de la nuit. Il oublie le maître. Il est libre. Si cette raideur dans la cuisse ne le freinait pas, il serait loin. Mais, de temps en temps, un coup de sifflet impérieux le saisit comme un lasso. Il comprend qu'il doit attendre. Au milieu du chemin, il reste en arrêt, langue jusqu'à terre, oreilles toutes droites, surveillant tout ce qui bouge, les papillons, les oiseaux, les glissements furtifs dans les fourrés. G le rejoint, lui caresse le cou, ce qui signifie qu'il est permis de retourner à l'aventure. Au fond des sous-bois, la cognée s'est tue. G cueille une fleur dont il mâche la tige. Il ignore son nom. C'est une fleur, voilà tout. Et les arbres sont des arbres. Qui lui aurait appris à les nommer ? Lui aussi sort d'un chenil, où il fallait se battre et mordre. En un sens, il est le frère de Romulus. Et maintenant ils sont, l'un comme l'autre, recherchés par la police. La disparition du chien-loup a coïncidé avec celle de l'inconnu qui a passé une journée aux *Troènes*. Ça c'est leur premier indice. Si j'essaie de raisonner comme eux, se dit-il, de deux choses l'une : ou bien le chien a été tué mais on devrait facilement retrouver son corps ; ou bien il a été blessé et le mystérieux assassin l'a confié à un vétérinaire. L'enquête va piétiner, et c'est notre chance. De ce côté-là, nous n'avons rien à redouter ! Mais de l'autre ? du côté de M. Louis ? Que sait-il au juste ?

Il se cueille une badine avec laquelle il se fouette un mollet, et reprend sa méditation.

Il sait que je me suis servi d'une voiture louée. Il n'a plus qu'à se renseigner auprès de Hertz ou d'Avis. Dans ces maisons-là, tout est enregistré sur ordinateur. Mais quelle identité ai-je utilisée ? L'identité habituelle : Georges Vallade. La machine, en un clin d'œil, me dénonce chez Avis. Georges Vallade, parfaitement. Ce monsieur a loué une Peugeot 505 de couleur blanche et portant le numéro... Donc, ce qui presse, c'est d'égarer cette auto, de la perdre quelque part, sur un parking encombré ! A Nantes, peut-être ? Mais j'aurai beau faire, je le connais. Il flairera dans les environs de Nantes. Chez Avis, à Paris, ils ont noté comme d'habitude le kilométrage de la voiture. La retrouvant à Nantes, ils enregistreront le nouveau kilométrage et le calcul sera facile : d'une part, le trajet Paris-Châtelguyon, de l'autre, le trajet Châtelguyon-Nantes. Conclusion : je me cache à Nantes ou dans les environs. Probablement dans les environs si l'on mesure sur une carte le trajet Châtelguyon-Nantes direct et le chiffre marqué au compteur. Cela doit faire une différence de cent kilomètres, en gros, c'est-à-dire la distance que j'ai parcourue de Nantes à Guenrouet et de Guenrouet à Nantes. Alors il prendra un compas, en plantera une pointe au centre de Nantes et autour de ce point décrira un cercle : « Il est là ! dira-t-il. Je le tiens. J'y mettrai le nombre d'hommes qu'il faudra mais je l'aurai. » « Mon pauvre Romulus, songe G. C'est toi qui vas nous perdre. Un jeune chien-loup qui boite, ça ne passe pas inaperçu ! Amuse-toi, pendant qu'il en est encore temps. »

Il crache la fleur, en cueille une autre, de couleur mauve et amère en diable. Ses pensées prennent un autre cours. Il se rappelle qu'il avait cru possible d'attaquer le premier. Plus maintenant ! Plus depuis que Romulus le suit comme son ombre. Libre de ses mouvements, oui, il serait peut-être le plus fort. Mais pour cela il faudrait s'éloigner de la maison, manœuvrer, s'embusquer, se déplacer, guetter, user contre M. Louis de toutes les ruses qu'il était habitué à déployer dans son métier de tueur. Impossible. Il est déjà assiégé. Ce qu'il doit faire de toute urgence, c'est reprendre son entraînement et tant pis si Romulus a peur. Mais d'abord, se procurer du liquide. Il ne peut pas payer par chèques les commerçants et il ne possède plus que quelques milliers de francs en petites coupures. Il calcule : toutes les démarches de M. Louis vont prendre un certain temps, surtout qu'il ne dispose quand même pas d'une armée. Son effectif disponible ne dépasse certainement pas deux ou trois hommes de confiance. C'est peu pour ratisser une région où tant de vacanciers se déplacent, en ce moment : touristes, pêcheurs, estivants se rendant au bord de la mer ou pratiquant le camping fluvial. Pour dénicher un village aussi minuscule que la Touche-Thébaud, M. Louis aurait besoin d'un radiesthésiste. Il finira par trouver mais pas avant dix ou quinze jours, le temps de prendre certaines dispositions. Et si l'on en vient au conflit armé, ce qui est probable, M. Louis devra engager des tireurs d'élite. G consulte sa montre. Il est trop tard pour aller à Guenrouet retirer de l'argent. Les deux petites succursales de la Société générale et de la B.N.P., ferment à 16 heures. Mais on peut toujours compléter le ravitaillement, pendant qu'on ne risque rien en utilisant la Peugeot.

Il siffle Romulus. Le chien sort d'un fourré et s'arrête au milieu du chemin. « Viens ici ! crie G. Tout de suite. » Romulus fait semblant, cette fois, de ne pas comprendre. Il flaire les ornières imprimées dans la terre par le passage des charrettes qui convoient les troncs abattus dans les coupes voisines. Il y a là des pistes intéressantes qui méritent un marquage studieux du territoire, ce dont le chien s'acquitte avec application.

— Ici ! s'évertue G. En vitesse !

Il devrait sévir, mais il sait bien qu'il n'en aura jamais le courage, à cause de ce regard tellement confiant que Romulus lui réserve. « S'il apprenait ce que je suis », a-t-il déjà songé. Et il lui vient comme un désir de tout dire, comme si la bête pouvait l'absoudre. Avant Romulus, G n'a jamais imaginé qu'il était coupable ! Il exerce un métier de totale obéissance, comme un soldat. Et maintenant, voilà qu'il en voudrait à son chien si celui-ci se montrait servile. Tout en fauchant de sa badine des têtes d'avoine folle, il examine avec surprise et répugnance certaines idées aussi suspectes que des boutons d'urticaire. Il n'est pas capable de les exprimer clairement, mais ce dont il est sûr, c'est que, d'une certaine façon, on ne doit pas tricher avec ce grand chien-loup aux yeux si pleins de tendresse. Il l'appelle doucement, en se donnant de petites tapes affectueuses sur les jambes.

— Allez, viens, vieille fripouille ! Commence pas à faire ta tête de cochon ! On rentre. Je te promets qu'on reviendra !

Romulus approuve, de la queue, et pousse un petit aboiement de joie. Il fait quelques pas en trottinant près de son maître.

— Bien, dit G. C'est comme ça qu'il faut marcher.

Soudain le sifflement rageur de la tronçonneuse retentit au loin. Romulus ne tressaille même pas. La truffe au sol, il a sélectionné une odeur qui retient toute son attention. Il s'accroupit et l'arrose.

— Pas comme ça ! proteste G. A ton âge, on lève la patte comme un homme.

Malgré ses soucis, G se laisse aller à un certain enjouement qu'il constate avec surprise. S'il y a un sentiment qu'il a oublié depuis longtemps, c'est bien cette impression de légèreté, et même une espèce d'envie de jouer, de courir devant Romulus. Il le ferait s'il ne craignait de réveiller, dans la cuisse du chien, une douleur en train de s'engourdir. Du moins lance-t-il en l'air sa badine.

— Attrape !

Et Romulus bondit, happe la baguette et la rapporte à son maître. Il comprend tout. G se jure que, s'il peut se battre, c'est pour son chien qu'il le fera. Ils rentrent. G range les papiers, non sans avoir jeté un dernier coup d'œil sur l'agenda.

Décembre : Yvette — Minable 7/20. Pat ne sait plus choisir...

Noël : soirée lugubre avec Marie-Paule. Jolie mais tellement bête...

G hausse les épaules. S'il s'écoutait, il ficherait le feu à toutes ces paperasses. Mais il se dit qu'elles peuvent devenir l'objet d'une transaction, et une transaction c'est la vie sauve. Et la vie sauve, tant pis pour la lâcheté, c'est la paix... Romulus et lui, tous les deux... Bon ! Lavons d'abord la vaisselle. G enfile la salopette avec laquelle il s'habille, en vacances. Elle a de grandes poches, bien commodes quand il va à la pêche.

— Tire-toi, morpion ! Si tu ne veux pas que je te savonne le museau. Et puis, quand une assiette est propre, je te prie de ne pas lui donner un coup de langue ! Est-ce que tu me vois en train de lécher la vaisselle ! Sans blague !

Et G, malgré lui, sifflote. Il a appris autrefois avec Roberto, le clown blanc. Romulus, assis sur la bonne fesse, la tête inclinée, réfléchit. Ce n'est pas le coup de sifflet strident qui vous coupe les jarrets. C'est une espèce de musique gaie. Ça vaut le coup d'écouter. Il s'allonge sur le sol. Il sent que le maître est de bonne humeur ! Et à la même seconde, G pense : « Je suis de bonne humeur ! » Mais comme il est doué de réflexion, il complète sa pensée. « En somme, lui et moi, nous sommes en ménage... » Et sans cesser de siffloter *Marlène,* il revoit les visages d'anciennes compagnes. Il les entend, surtout : « Sale égoïste. Il n'y en a que pour toi ! — C'est ça ! Fous le camp ! J'ai assez vu ta sale gueule ! » La vérité, c'est qu'il suffit d'un bon chien, d'un vrai chien, qui ignorera toujours les insultes, pour jouir d'une paix inconnue. Et G ajoute pour lui-même, et cette fois il chantonne ce refrain qui l'a souvent déchiré : *Wie einst Lili Marleen.*

Après la vaisselle, G balaie partout, ce qui amuse beaucoup Romulus, qui s'aplatit sur la poitrine et aboie, par jeu, contre cette chose qui passe sous les meubles.

— Tais-toi ! ordonne G. Au pied !

Il l'empoigne par le collier et l'immobilise, le museau sur le sol.

— Au pied, c'est ça !

Une caresse sur le cou et, aussitôt libéré, Romulus essaie de mordiller le bois du balai. G n'insiste pas. Il se fait tard. Il est temps de préparer le dîner. Cette fois, très peu de viande. Du pain, du riz, une poignée de nouilles. G a retenu les conseils donnés par l'imprimé. Il faudra changer la bouteille du Butagaz. Et puis changer aussi les piles du petit transistor. On est chez soi, que diable ! Il fait bon s'installer. Il va, il vient, il ouvre une boîte de corned-beef, mais seulement pour lui. Demain, il achètera des œufs frais. « Pousse-toi, gros lard. Je vais te marcher dessus. » Il fredonne... *la, la, la Lili Marlène.* Puis il repasse, toujours escorté, dans ce qu'il appelle parfois son laboratoire. Repos. Le temps d'une pipe. Avant d'aborder la soirée, il veut s'assurer qu'il ne reste, dans les classeurs, aucun document important. *Chien* c'est fait. *Adresses* c'est fait. *Lettres* c'est fait. *Indosuez* c'est fait. *Courrier,* la chemise est vide. *Divers,* également vide... Bon, il a bien travaillé. Il est satisfait et pourtant il y a une idée plantée comme une écharde dans un repli de sa pensée. Pat a écrit qu'elle se préparait à quitter la France, mais elle n'est peut-être pas encore partie ? Alors ? Son adresse, elle est là, dans le répertoire. Ou du moins son téléphone. Décrocher. Faire le numéro, quoi de plus simple ! Pour reprendre contact. Pour dire bonjour. « C'est moi, Georges ! Tu te rappelles ? » Et encore non ! Georges, elle ne sait pas qui c'est ! Il faut lui dire « le tireur de Médrano ». Et si, par malheur, le passé allait se refermer sur lui ! La voilà bien, l'écharde qui l'empoisonne. Si Pat est encore chez elle... de fil en aiguille il faudra tout lui raconter. Elle comprendra qu'il a tué le président, et donc qu'il est aux ordres de M. Louis. Et cette fois, elle s'empressera de disparaître. Ou bien, jouant le double jeu où elle excelle, elle préviendra M. Louis.

Rejeté d'un parti à l'autre, G donne un coup de pied dans sa chaise.

— Oh ! pardon, mon chien ! Je ne pensais plus à toi.

Il s'empresse de lui caresser la tête.

— C'est pas vrai ! Je pense tout le temps à toi, tu sais ! Allons voir si les choses sont cuites. Et puis tu m'aideras à noter encore : du savon, de la lessive, un flacon de Destop, parce que le bac est à moitié bouché. Il y aurait un cadavre de mulot, là-dedans, que ça ne m'étonnerait pas.

Il se sent à nouveau en paix mais, pour être plus sûr, il étend devant lui sa main gauche, la main de la trahison. Elle reste fermement ouverte, les doigts bien raides. A peine, peut-être, une très légère tendance du petit doigt à vibrer ! Mais il ne sert à rien, le petit doigt, quand on tient un fusil. G prépare le casserole, pour Romulus.

— Je t'achèterai un beau plat, tu verras. Je ne vois pas pourquoi moi, j'aurais une assiette et toi, une gamelle.

Il écrase, il touille, un peu de riz, et puis quoi, un beau morceau de viande. La ration de l'invalide, hein ?

Romulus, assis près de G, de temps en temps ramasse sa langue, s'en enveloppe d'un coup rapide le museau.

— Et voilà ! Monsieur est servi. Qu'est-ce que ça sent bon ! Hé ! doucement ! On n'y met pas la patte !...

G rit de bon cœur. Ça ne lui était pas arrivé depuis longtemps. Et même, est-ce qu'il avait jamais ri ? Non pas des lèvres, mais de l'intérieur, sacré Romulus ! Rien que de le voir bâfrer, on se sent nourri. G se contente de manger, debout, ses œufs durs. Il continue, mentalement, à noter : du vin, de l'huile, du vinaigre, de la moutarde et du sel, bon Dieu, j'oubliais le sel... Mais tout cela sur une petite musique allègre, qui s'invente toute seule, pendant qu'il marche, de long en large, et lorgne en coin la casserole entourée d'éclaboussures. A 7 heures, il va allumer la télé, dans la pièce voisine, pour voir le flash. Mais il n'apprend rien. Il est bien question, rapidement, du crime mystérieux de Châtelguyon. La question est abordée par un journaliste : « Qu'est devenu le chien ? » Conclusion, l'enquête continue. G s'interdit de penser plus loin. Il s'assied sur la marche encore tiède de son petit perron. Le soir vient doucement. Le couchant s'illumine de rouge à travers les arbres. Il y a encore des martinets, là-haut, en plein ciel. Romulus, gavé, vient rejoindre son maître et se laisse lourdement tomber auprès de lui, le museau cherchant sa main. Un grand soupir, comme seuls savent en pousser les grands chiens. Dans le silence, la moindre parole doit être chuchotée pour ne pas rompre le charme. Et même pourquoi parler ? Si un dialogue s'engage, c'est entre les doigts qui tirent par jeu sur les oreilles, comme pour les affûter, ou qui les grattent là où elles sont intelligentes. De temps en temps, la queue bat lentement et G a envie de questionner. A quoi tu penses ? A toi, dirait le chien. Soudain, un bruit de moteur les fait sursauter. Une mobylette s'avance sur la route. Une silhouette toute noire. Et Romulus se ramasse, sur la défensive. Qui ose menacer sa maison ?

— Calme, dit G. C'est le curé de Guenrouet. Ce que tu prends pour un manteau, c'est une soutane. Oui, il n'est pas habillé comme nous, mais c'est un ami.

— Bonsoir ! crie le prêtre, en levant le bras.

— Bonsoir ! répond G.

Et, reprenant la caresse où il l'avait laissée, il achève à mi-voix :

— Tu le reconnaîtras facilement. Il sent le petit vieux.

La nuit s'avance, sous les arbres. C'est l'heure des chouettes et des mulots.

Romulus garde la tête levée vers le chemin qui s'enfonce, maintenant, dans un fin brouillard ; l'odeur des troncs abattus dans un grand désordre de feuillage se fait pénétrante. G se remet sur ses pieds, se masse les reins.

Romulus est déjà debout.

— On va dormir, mon petit vieux. Allez, marche devant.

G ferme soigneusement portes et fenêtres, et va chercher son revolver.

— Soyons prudents, dit-il. Toi, tu couches ici. Moi, je couche en haut.

Il désigne le molleton d'un doigt impérieux.

— Couché ! Mieux que ça ! Sur le côté ! Et on ferme les yeux ! Bonsoir.

Il s'engage dans l'escalier. Arrivé en haut se retourne.

— J'ai dit « les yeux fermés ». Qui c'est qui commande ! Oui, comme ça !

Il entre dans sa mansarde et jette sur un tabouret chemise et pantalon. Le revolver sur l'étagère, à portée de la main. Pas de lumière. La nuit est claire. Il se couche sur le dos, la nuque dans ses mains croisées. Il est tout de suite au bord d'une voluptueuse somnolence. Mais... ce léger grincement régulier... ce sont des griffes qui grimpent avec application, qui cherchent à s'étouffer, qui savent qu'elles ont tort. Tant pis. Le chien est dans la chambre et déjà il pointe son museau sous la mince couverture, rencontre une jambe poilue qu'il inspecte d'une truffe humide. Puis, perdant toute retenue, il s'insinue le long du corps immobile, se pousse entre le bras et le flanc, jusqu'à l'aisselle où règne une bonne odeur de tanière. Il grouille encore un peu pour façonner sa vraie place. Le bras du maître se referme sur lui.

— Tu n'es pourtant plus un chiot ! Qu'est-ce qui m'a foutu un paroissien pareil ! C'est mon lit à moi ! D'accord ! Il n'est pas large ! Mais c'est pas une raison pour me débarquer !

Et ainsi enlacés, G et son chien dérivent ensemble le long de la même rêverie. Romulus ne bouge plus, mais il ne dort pas. Il écoute battre le cœur de l'homme si lent, si lent... alors que celui de la louve semblait toujours courir. Et voilà qu'il reconnaît à peine la voix ensommeillée qui murmure des mots incompréhensibles.

— Je ne suis pas méchant, tu sais ! J'ai tué pas mal de monde, mais tous des affreux. Ne va pas t'imaginer des choses ! Qu'est-ce que j'aurais pu faire ! J'ai bien essayé, tant qu'il y a eu des cirques.

Le bras se resserre un peu, le long de la bête.

— Je vais tout te dire parce qu'il faut que je le dise à quelqu'un. Si j'ai accepté ce métier, c'est parce que j'avais un don. Un don, on n'y renonce jamais... Quand je suis devenu le chauffeur de Gonzales da Costa, c'est parce que j'étais chargé, aussi, de manœuvrer le ball-trap. J'étais son armurier. Je nettoyais les fusils et puis, un beau jour, il m'a permis de tirer.

Un silence. Romulus dort, mais la voix continue de lui parvenir. Ce qu'elle raconte — des histoires d'hommes —, c'est sans intérêt mais qu'elle continue, surtout qu'elle ne s'arrête jamais !

— Il était tellement maladroit, le pauvre. Je l'émerveillais. Et puis il s'est aperçu que sa femme le trompait. Alors il m'a demandé de... tu devines la suite... Oui, la femme et l'amant... Une balle, une seule, pour chacun. Et après, M. Louis a mis la main sur moi !... Et tous ces gens étaient tellement moches que ça ne me faisait vraiment rien de les détruire. Tu comprends ça, toi ? Je veux que tu comprennes, parce que toi et moi on aurait pu ne pas être dans le même camp...

La voix se tait et Romulus entrouvre les yeux. Pourquoi ce silence qui cache mal une émotion ? Romulus sent passer l'émotion. C'est comme une espèce d'air froid, très désagréable. Mais la voix continue.

— Vous autres, on vous dresse contre les gens comme moi. On vous apprend à juger sur la mine. Tu vois, tu m'aurais surpris chez le président, avec ma barbe de deux jours et mon jean tout délavé, tu m'aurais sauté dessus. Mais si ! Vous êtes du côté des riches ! Et pourtant toi, mon bon chien, tu es ma seule famille !

Cette fois, la voix est devenue presque imperceptible. Mais le cœur a battu plus vite. Gêné, Romulus s'agite un peu. A tout hasard, il donne un coup de langue dans ce qui est le plus chaud et qui lui enserre le museau contre le ventre.

Le bras de G rapproche encore la tête du chien de son flanc. Il a une drôle de voix que le sommeil fait un peu bafouiller.

— Tu vois, dit-il, ce que tu as de bien, c'est que tu es comme je suis... Pas vrai ? Innocent, voilà. Comme toi ! Autant que toi ! Tous les deux, on est innocents.

Quelques paroles indistinctes se perdent dans le poil de la bête, et puis G essaye de se retourner. Il grogne.

— Tu pourrais pas te pousser un peu ? On étouffe, là-dedans.

On dort... longtemps. Et puis, le silence qui suit est le silence du réveil. G se gratte la gorge et repousse Romulus. Le voilà qui met un pied sur le plancher. Il bâille. Il regarde sa montre, qu'il ne détache jamais de son poignet, il parle :

— Tu sais l'heure qu'il est ? 7 heures, mon petit vieux ! Allez ! En bas !

Romulus est déjà prêt, sur la première marche de l'escalier. Il fait entendre un petit cri de gorge. Il frétille. Il fixe son maître dans les yeux et, d'un coup de reins, il est debout deux pattes sur la poitrine de G, il le lèche, figure contre figure, retourne à l'escalier, commence à descendre en crabe pour s'assurer qu'on suit, qu'on est bien d'accord. Et ensuite, toutes portes ouvertes, on court dans le jardin, on fait le fou, tout en boitillant ; on aboie à la lumière, au matin, au chant des oiseaux. A peine si on prend le temps de lever la bonne cuisse contre la haie.

G bourre sa pipe, goûte la fraîcheur du sous-bois tout proche. Est-ce que ce ne serait pas le meilleur moment pour tenter l'expérience ? Romulus, distrait par tant d'odeurs, suit en zigzag sur le chemin, le nez dans les ornières, une piste appétissante, et ne remarque pas que G est rentré dans la maison. Quand il s'aperçoit que son maître n'est plus là, vite, il capte, d'un petit coup frémissant du museau, la trace familière parmi les mouvements invisibles de l'air, et s'apprête à regagner la maison, mais G apparaît, tenant une espèce de bâton, et le chien s'immobilise. Cela lui rappelle quelque chose. G s'approche.

— Oui, dit-il, c'est mon fusil. N'aie pas peur. Viens sentir.

— Regarde, je tire en l'air.

Romulus ne peut s'empêcher de creuser les reins et de ramener sa queue entre ses pattes. Il couche ses oreilles et mâche un grondement qui l'étonne lui-même, tellement il est caverneux. G s'empresse de le caresser.

— Bon chien. C'est très bien. Reconnais que ce n'est pas bien terrible ! C'est le sifflement qui surprend. Encore un coup.

Romulus a frémi mais, à cause de la main de son maître posée sur son flanc, il est resté calme. Il a simplement éternué deux ou trois fois, à cause du petit nuage de fumée violette qui sort de la chose.

— Oh ! que c'est bien ! dit G. Maintenant, on va pouvoir se défendre. Qui est-ce qui a mérité un bel os ? C'est Romulus. Je n'aime pas beaucoup ce nom. On trouvera bien autre chose.

Romulus va directement s'asseoir devant le réfrigérateur et pousse son nez dedans, quand s'ouvre la porte. Il reçoit une tape sur la nuque.

— Qu'est-ce que c'est ces manières ! Non mais... Tout à l'heure, on ira à Guenrouet pour se ravitailler. En attendant, attrape ce morceau de jarret. C'est trop froid ! Qu'est-ce que tu crois ! Allez ! Suce !

Un matin comme les autres. G voudrait tellement que tous les matins à venir soient semblables à celui-ci. L'eau à chauffer pour le café. La tasse. Le sucre. Ah ! le beurre... On entend les crocs de Romulus qui s'escriment. Il y a un merle qui sautille jusqu'au seuil. Quelque part, M. Louis, penché sur une carte, doit réfléchir. Il n'y a plus à hésiter. Il faut agir.

Chapitre 8

A Guenrouet, G va chez Nedellec, le dernier bourrelier de la région. Il se fait confectionner une laisse, pour Romulus, afin de l'habituer à marcher posément près de lui. Romulus commence par tirer comme une brute, s'étranglant à moitié. Puis, durement ramené en arrière, il ne tarde pas à s'assagir. Il consent même à s'asseoir devant la caisse, pendant que G, enfin pourvu d'argent liquide, paye au boucher sa commande.

— Quel beau chien ! dit Julien. Il n'est pas méchant ? On peut le caresser ?

Et Romulus se tortille de joie, envoie sa langue de tous les côtés, comme des baisers. Il a droit à une petite gourmandise sanguinolente qu'il avale d'une bouchée. G est fier de sa bête. Il explique que c'est un berger allemand encore très jeune et un peu fou mais d'une merveilleuse intelligence.

— On cause, tous les deux ! dit-il. Je vous assure !

— Ça coûte cher à élever ? s'informe le commerçant.

Le temps coule tout doucement, délicieusement

quotidien. Après la boucherie, on passe à l'épicerie. Fernand tape la liste que lui dicte G.

— Eh bien, dites donc ! fait-il en pianotant d'un doigt, on vous voit pas souvent mais quand vous passez, ça s'y connaît drôlement ! Comment vous l'appelez, votre bestiau ?

— Romulus.

— Ah ! c'est pas mal ! Ça court pas les rues !

Sa plaisanterie l'enchante. Il offre un sucre au chien, dans le creux de sa main et observe.

— Jolies quenottes. Avec ça, vous ne risquez pas d'être cambriolé, dommage qu'il boite.

Le mot qu'il ne fallait pas prononcer. G se ferme mais la peur a été plus prompte. Elle est de nouveau en lui. Pourquoi cet idiot de Fernand a-t-il rappelé à G qu'il est en sursis ? Il paye et sort. Romulus tenu court comme un chien d'aveugle. Mais quoi ! Il fallait bien faire les courses les plus urgentes ! Et par exemple, ne pas oublier les magazines du jeudi, *Match, Jour de France, V.S.D*... De loin, il déchiffre déjà les gros titres : QUI A TUÉ LE P.-D.G... UN MYSTÈRE SANGLANT À CHÂTELGUYON. Le buraliste l'accueille chaudement.

— Alors ? De retour au pays ? Quel beau chien ! A propos de chien, je vois que vous suivez cette malheureuse affaire ! Ma femme dit que c'est encore plus intéressant que Mannix...

G n'écoute plus. Il a hâte de rentrer chez lui, de s'enfermer, de ne plus bouger. Il se met au volant de sa Peugeot. Oui, il faudra la perdre dans la nature, cette voiture. Oui, il faudra prendre son courage à deux mains. Mais pas tout à la fois... Après un certain délai... Le temps de vivre comme tout le monde, d'être en vacances ! De pouvoir penser, sans un serrement de cœur : « Demain ! Après-demain ! La semaine prochaine ! » Romulus a découvert que la meilleure place, dans une auto, c'est à côté du maître, la vitre juste assez baissée pour laisser passer le museau. Alors, la tête livrée au vent, les oreilles voluptueusement bousculées, on hume le monde qui passe si vite. Dommage qu'on soit déjà arrivés ! Petit examen de routine, dans les coins. L'os est toujours là, sous la couverture repoussée en un pli de précaution. Non. Aucune présence suspecte, sauf peut-être une odeur de chat, mais très vague, du côté de la porte du jardin.

Ouf ! Romulus s'effondre aux pieds du maître. Il est encore tout endolori d'émotions diverses. C'est trop à la fois ! Trop de gens ! Trop d'images. Et soudain il s'endort d'un bloc.

G, après avoir débarrassé la table du laboratoire, étalé les magazines, cherche les articles, trouve quelque chose d'intéressant en chacun. Il prend le temps de bourrer sa pipe. Voyons *Match*.

L'actif commissaire Labellie a clairement établi l'emploi du temps de l'assassin. Celui-ci s'est introduit dans la villa voisine, Les Tulipes, *d'où il a pu surveiller les allées et venues de l'infortuné* P.-D.G. *Le président Langlois venait à peine de commencer sa villégiature. Il sortait peu, disposant d'une vaste terrasse où il aimait se reposer. Vivant seul, il travaillait à ses dossiers. Ses repas lui étaient préparés par Mme Françoise Loubeyre, dont les services avaient été retenus par l'agence.* Si la police commence à nager..., se dit G. Il saute plusieurs lignes concernant la description de la villa des *Troènes*. Un dessin représente, par un pointillé, le trajet des balles depuis la fenêtre, côté *Troènes*, jusqu'à la terrasse, côté *Tulipes*. Une silhouette sur le sol figure l'endroit où se trouvait la victime. Tout ça, c'est pour amuser la galerie. Mais le vol ? On oublie de parler du vol !

Si, quand même, *Jour de France* signale que le bon vieux président avait peut-être une activité cachée, sur laquelle l'enquête se penche. Il ne paraît pas normal que tous ses papiers aient disparu. D'après la femme de ménage, le P.-D.G. écrivait beaucoup. A qui ? Puisqu'il est maintenant établi que sa seule famille est un fils, âgé d'une trentaine d'années, qui vit à Los Angeles. Pas de liaison connue. Peu de familiers, que le commissaire Labellie interroge en ce moment.

Enfin, détail intéressant dans *V.S.D.* : Les Cimenteries du Sud-Ouest seraient à la veille d'être absorbées par un groupe espagnol. « Nous y voilà », pense G. Et si j'étais le commissaire Labellie, c'est dans cette direction que je chercherais. M. Louis a ruiné le pauvre vieux, l'a forcé à se retirer de l'affaire et m'a lancé contre lui, exactement comme on déchaîne un molosse. « Attaque. » Et moi... misère !... Et savoir quels intérêts j'ai servis ! G commence à se rendre compte que le contrat Langlois ne ressemblait pas aux autres. Ou du moins il avait toujours eu l'impression d'intervenir pour mettre le point final à des querelles purement privées. Mais cette fois, les choses se compliquent singulièrement ! Il a encore en tête la lettre où Langlois annonce son intention de se suicider, sentant le scandale tout proche. Il suffit de rapprocher les mots : « Le petit Bernède, il passait clandestinement en Espagne... personnel en grève... » Est-ce que cela ne pue pas à plein nez la vilaine magouille politique ? Qu'est-ce qu'il est, là-dedans ! Le tirailleur de pointe ! Le malheureux éclaireur sacrifié ! En vérité, il ne compte pas ! Il est moins que rien ! Le tueur à jeter, comme on balance une boîte vide sur un tas d'ordures.

Il médite durement, blessé jusqu'au cœur par cette découverte qu'il est un pauvre type, et cela ne date pas d'aujourd'hui ! Quand on consent à s'appeler Buffalo, puis le Gaucho, puis Ricardo, puis Colin, puis Rivière, puis Vallade, puis une simple lettre, G tout court, on n'est pas autre chose qu'une ombre, un profil. Et même il y a eu un temps où il n'était qu'une silhouette à laquelle on ne prêtait une forme humaine que sur un claquement de doigts. « Barman... liftier... chasseur... garçon ! » « Quand est-ce que j'étais moi-même ? » se dit-il en repliant les journaux. « Juste quand je faisais feu. C'est à cet instant-là que, pour M. Louis, j'étais à mon tour G. »

Il vide sa pipe dans le creux de sa main, parce qu'il ne veut pas salir son « chez lui », et il poursuit sa rumination. C'est en rendant la vie à mon chien que je me suis perdu. Parce que, maintenant, je suis encore descendu d'un cran vers le zéro. Je l'entends d'ici : « Enlevez-moi ça. » Sur le ton qui a été le sien pour dire : « Le chien ? On s'en fout, du chien ! » Pardon, mon chien. Je dois nous tirer de là et ça ne va pas être facile ! Mais la première chose à faire, la plus simple, c'est d'abord de chercher dans le carnet d'adresses le numéro de Patricia.

Il va jeter un coup d'œil dans la cuisine. Romulus est là, sur le côté, dans la petite mort d'un sommeil profond. Il ne sent même pas la mouche qui tourne autour de sa cicatrice en formation. G la chasse et revient à ses classeurs. Une seconde, il garde la main levée. Doit-il ? Ne doit-il pas ? Il doit.

Refeuilleter l'agenda des turpitudes de M. Langlois, c'est la pire épreuve. Mais le numéro de téléphone y figure, à la toute première page qu'il s'avise de lire en dernier ! 727 40 42, avenue Poincaré. On voit qu'elle a su mener sa barque ! Il forme le numéro, sûr qu'elle n'est plus là.

Attente. Battement de cœur... Dans le lointain de la forêt, la tronçonneuse a repris son aigre besogne.

— Allô ?

Se peut-il ! Son voyage, elle l'a donc remis ?

— Allô ! Parlez !

Au bout de si longtemps la voix est devenue plus sourde et plus grave, comme un vin qui a travaillé. G se décide !

— Patricia ?

— Eh bien oui, Patricia. Qu'est-ce que vous me voulez ?

— Je suis le petit Vallade !

— Excusez-moi... Ce nom me dit bien quelque chose... Je suis censée vous connaître ?

— Sûrement ! Si vous n'avez pas oublié Médrano.

Cri de surprise et du coup on passe au tutoiement.

— Georges ? Le petit Georges ? C'est toi ?

— Oui.

— Qu'est-ce que tu deviens ? Et comment as-tu eu mon téléphone ? Je ne le donne pas à tout le monde.

— Je t'expliquerai. Mais il faut absolument que je te voie.

— C'est vraiment urgent ?

— Plus que ça !

— Ah ! tu n'as pas changé ! Chez moi, c'est impossible. Dans un hôtel si tu veux ! Mais d'abord, tu n'es pas recherché ?

Il sent que, s'il hésite, elle va raccrocher. Aussi prend-il le ton le plus dégagé pour répondre.

— Non, non ! tout est clair... Je serai à Nantes quand tu voudras.

— A Nantes ? Quelle drôle d'idée ! Bon, j'aurai retenu une chambre. J'aime que les choses se fassent discrètement. Tu demanderas Patricia Lambesq.

— Oui, je sais. Je m'en souviens.

— C'est gentil, ça. Je suppose que tu es dans la merde ? Bon, tais-toi. Tu me raconteras. A demain. Tchao.

Ça y est. Les dés commencent à rouler. Encore une fois il suppute ses chances. Ou bien elle a menti au président et elle est toujours la complice — de gré ou de force — de M. Louis, et dans ce cas elle va trahir. Il court à sa perte en lui faisant confiance. Ou bien elle se sent vraiment menacée par M. Louis et on peut compter sur elle. G n'est pas très fort sur tous ces « ou bien ». Il suppose ! Il suppose ! Qu'est-ce que la logique vient faire là-dedans ? Elle a bien mis en garde le vieux Langlois : « Il ne cesse de me faire espionner. » Si c'est vrai — mais elle a toujours été si menteuse —, M. Louis va se douter de quelque chose et il placera un homme à lui derrière Pat. Dans quarante-huit heures, il saura où G se cache.

Ce rendez-vous avec Pat, c'est l'équivalent d'un suicide. Cette idée, il l'a déjà examinée plusieurs fois mais sans éprouver cette montée d'angoisse qui, soudain, le couvre de sueur. Mais pourquoi n'irait-il pas se réfugier ailleurs ? On fait ses paquets, on saute dans la voiture avec Romulus, et il ne doit pas manquer, ici ou là, de tout petits villages où se cacher ! Ça aussi, il y a pensé ! Alors d'où vient cette indécision ? Non, ce n'est pas qu'il renonce ! C'est que, depuis très longtemps, il a un compte à régler avec M. Louis. Il ne s'en doutait pas. Il n'avait pas compris que sa méfiance était en réalité une montée de rancune comme une montée de bile. Et maintenant il doit, avec l'aide de Pat, atteindre et démasquer M. Louis. Ce sera à qui tirera le premier !

Il repose lentement le combiné, en essayant de retenir, pendant qu'elle est encore très nette, la voix de Pat, dans ses oreilles. Il lui semble que c'est une voix habituée au commandement — autre chose aussi... Une voix méfiante mais nullement apeurée... Et pourtant la police a déjà dû fouiller, du côté de l'entourage et des relations du P.-D.G. Mais si elle était surveillée, elle ne prendrait pas le risque de donner ce rendez-vous, G s'avoue qu'il n'est pas entraîné à débrouiller des situations aussi confuses. Il n'a qu'une question à poser à Pat : Quels sont ses rapports avec M. Louis ? Et où pourra-t-il le trouver ? Il n'a pas fini de la rabâcher, cette question. Elle le taraude tellement que Romulus perçoit son trouble, tourne autour de lui, oublie de jouer avec ses mains et de lui mordiller les poignets. Il l'observe, la tête penchée, signe de réflexion. G le saisit par l'épaisse fourrure de son cou et, front contre front, lui explique.

— Tu comprends, M. Louis est une ordure. Je ne dis pas ça pour que tu me lâches, idiot. Je dis simplement que je ne suis pas libre, par sa faute. Et si, moi, je ne suis pas libre, toi non plus tu ne l'es pas. Il peut nous tomber dessus à chaque instant. Ça peut être le facteur, le curé, le garde champêtre, un bûcheron, un cantonnier, je n'en sais rien ! Je ne l'ai jamais vu. J'attends de Pat qu'elle nous aide. Elle pourra peut-être me donner une photo. Allez, ne t'en fais pas, grosse bête !

Il lui donne une petite claque sous l'oreille et Romulus, délivré, aboie joyeusement, saute sur place, renverse un fauteuil.

— Au jardin, grande brute...

Il expédie le chien qui va faire son tour de piste autour des parterres, et vérifie son revolver, le manie en souplesse, le glisse dans sa ceinture, dégaine comme la foudre. Une foudre fatiguée. Il faudrait faire mieux. Quand le duel aura lieu, ce sera forcément face à face. M. Louis ne se laissera pas canarder à distance. G n'imagine pas la scène. Il n'a jamais su se représenter clairement les choses. Mais il est à peu près certain qu'il faudra se battre à bout portant, et pour ce genre de boulot il n'aura pas besoin de sa main gauche. Il sera à égalité de chance. D'un geste, il chasse ses fantasmes. On verra bien. Toute sa vie il a dit : on verra bien, mais justement il n'a jamais su voir au loin, et c'est pour ça qu'il est encore à la botte de M. Louis. Au passage, il ouvre le livre dont le président avait l'air de faire sa pâture. Il lit :

Machine aveugle et sourde, en cruautés féconde,
Salutaire instrument, buveur du sang du monde,
Comment n'as-tu pas honte et comment n'as-tu pas
Devant tous les miroirs vu pâlir tes appas ?

Il a, au front, un gros pli de souci, comme Romulus. Qu'est-ce que signifie ce charabia ? Il se rappelle que sa mère, quand elle ne consultait pas les tarots, ouvrait souvent la Bible, au hasard, pour y puiser des conseils ou des avertissements. Peut-être ces paroles s'adressent-elles à lui ? Peut-être est-il « une machine aveugle et sourde » ? Le président appartenait à une autre société ! Autant G était habitué à tuer des gens de peu, des tenanciers de tripots, des trafiquants de drogues, autant il aurait refusé d'abattre des professeurs, des avocats ou des bourgeois instruits. Et M. Louis lui avait fait commettre le péché. La preuve ! Cet écrivain, là, Baudelaire, le poète que Langlois avait toujours sous la main, s'il avait su... Le P.-D.G. était justement l'homme à épargner. G balance avec rage le livre au fond de son armoire. Ce que M. Louis a fait de son valet d'armes, c'est un monstre. G avait cru s'arracher au petit monde du cirque. Eh bien non ! Il est toujours un de ces phénomènes qu'on exhibe, au son des manèges. Ah ! il va falloir que Patricia parle ! Ou sinon...

Pour se détendre, G et Romulus, après le déjeuner, vont faire une petite promenade en forêt. G, qui ne laisse rien au hasard, veut voir où en sont les coupes. Qui dit coupes dit « chantier » et chantier signifie équipe, et là où travaille une équipe on trouve un peu de tout, comme dans un petit cirque, des Jaunes, des Noirs, des basanés, des hommes tout prêts à accepter un contrat. Pour le moment, il n'y a rien à craindre, mais il est bon d'observer ce qui se passe dans la clairière où flotte une vague poussière de bois et d'écorces arrachées. Ils sont cinq, torse nu, qui s'évertuent de la hache et de la tronçonneuse, et les troncs frais coupés montrent la blancheur de leurs plaies. Un camion attelé à une remorque est en attente, sur un terre-plein voisin. G tient son chien en laisse pour l'empêcher d'aller fraterniser avec les ouvriers qui s'activent. Au-delà du terre-plein s'amorce une allée cavalière qui s'enfonce dans le cœur de la forêt. Tout de suite, autour de la clairière, commence un sous-bois dense. G étudie le terrain en homme de commando qui a déjà participé à bien des actions violentes et pour qui les itinéraires de repli comptent autant que les approches de l'assaut. Que M. Louis, accompagné d'un ou deux mercenaires, choisisse d'attaquer le dos à la forêt, et il pourra disparaître en un clin d'œil. Ce n'est pas dehors qu'il faut l'attendre, mais au contact immédiat de la ferme, d'où l'on surveille facilement les découverts. Romulus voudrait bien qu'on lui rende la liberté car il sent courir en lui, par le fil conducteur de la laisse, l'excitation de son maître. Si les assaillants ratent leur coup, inutile de songer à les poursuivre. Et peut-être n'insisteront-ils pas, jugeant le morceau trop coriace. Oui, ce sera après la première attaque, si elle est manquée, que M. Louis offrira de négocier. Tout en regardant osciller les plus hautes branches d'un orme, G se dit — et cela ne lui était pas encore venu à l'esprit — que M. Louis ignore la nature et l'importance des papiers saisis chez le président. Il s'imagine peut-être que c'est de la dynamite ! De quoi l'envoyer en prison pour vingt ans ! C'est pourquoi il n'a pas le choix : tuer ou capituler ! Il faudra bien expliquer cela à Patricia et la persuader que les dossiers volés sont autant d'armes braquées. Allons ! Avec un peu d'aplomb, on peut encore gagner la paix. Tu entends ça, chef ! La paix pour tous les deux !

Chapitre 9

G a fait la toilette de Romulus. Il l'a brossé, peigné, étrillé doucement, le long des cuisses. Pas facile de l'empêcher de se tortiller, d'attraper la main qui le bouchonne, de mordre dans l'éponge et pour finir de se coucher sur le flanc et de battre des pattes comme un gros chaton prêt à jongler.

— Veux-tu rester tranquille, gros lard. Tu as l'air malin, oui ! Pas la peine d'insister, je ne te gratterai pas le ventre. Allez, debout ! On sort.

Ça c'est un mot que Romulus connaît. De même pour : « Dehors... dedans... à table... le gros nonos... pas touche... couché... » On commence à échanger des propos de moins en moins sommaires, à condition de se regarder bien droit dans les yeux, et G s'étonne souvent de ne pouvoir mentir et, par exemple, de ne pas pouvoir dire « A table » tout en prenant l'attitude de qui va sortir. Ce sont de ces réflexions un peu bêtes qui conduisent G sur des pistes de pensées qui n'appartiennent plus à ses préoccupations familières. Il les évite. Il aurait peur de découvrir des choses comme la fidélité, le don sans retour, l'échange total, alors que de sa vie il n'a jamais rien donné. Mais ce qui surprend G bien davantage, c'est la rapidité avec laquelle ce chien lui tient à la peau, au ventre, au sang, comme s'ils étaient en train de se mettre au monde mutuellement. Depuis combien de temps se sont-ils rencontrés ? Autant dire que cela ne compte pas, que la vérité, c'est peut-être que G a été, jadis, un chien-loup. Pourquoi pas ? Sa mère, qui était un peu voyante, à jeun, prétendait bien que dans une vie antérieure elle avait été la favorite d'un radjah. G pense à tout ça, par jeu, tout en lissant d'un doigt le long poil blanc d'un grain de beauté qui marque, d'une touche d'élégance, le coin de l'œil de son chien. Ensuite, il passe à sa propre toilette, tellement moins importante que celle de Romulus. Un léger pantalon de flanelle sombre (il s'est toujours méfié des couleurs), un polo gris, ses papiers au nom de Vallade dans la poche revolver et voilà ! En route pour Nantes.

Il a vidé la voiture de tout ce qui risquerait de le dénoncer. Elle est exactement dans l'état où il l'a louée. Il va l'abandonner sur le parking de la gare où les employés d'Avis finiront bien par la trouver. Pour rentrer à la ferme, il volera une bagnole quelconque. Aucun problème. Tout est dans le poignet, comme dans ces tours de magie où l'on dispose de trois minutes pour sortir d'un caisson immergé. Les voilà, tous les deux, devant le *Madison,* Romulus solidement tenu en laisse. La Patricia d'autrefois, G essaie en vain d'en ranimer le souvenir. Belle, oui ! Une sorte de Lollobrigida qui se croyait toute-puissante sur les mâles, ce qui lui donnait un air un peu ridicule de dompteuse. G n'aimait pas beaucoup qu'on le manœuvre à la baguette ! Mais, en quinze ans, elle a dû beaucoup changer. Eh bien non ! C'est elle, sous le déguisement d'une autre femme. Le heurt de l'ancien souvenir et de l'image neuve bloque le cœur, une seconde. Mais il faut beaucoup moins de temps encore pour noter, au vol, le visage trop gras, la poitrine trop décolletée, avec un sillon, entre les seins, comme un sexe, la blouse tachée de sueur, le pantalon façon corsaire qui ne cache pas une légère résille de varices... « Ah ! ce n'est pas possible, songe instantanément G. Elle s'en fout. Elle a mis sac à terre. » Elle était assise dans le salon, devant une boisson verte. Elle se lève. Des machins miroitants brillent à ses oreilles, à son cou, à ses doigts. Par un reste de coquetterie, elle fait bouffer sa chevelure qui est maintenant teinte en blond.

— Mon petit Georges ! s'écrie-t-elle. Comme je suis contente.

Romulus étouffe un aboiement. Cette femme ne lui plaît pas. G tire sur la laisse.

— Calme ! dit-il. C'est une amie.

Et il embrasse Patricia, non sans retenue. Ce premier contact est raté, comme il arrive si souvent après une très longue séparation.

— Tu prends quelque chose ? demande-t-elle. Non ? Bien vrai ? Alors montons dans ma chambre. On sera plus tranquilles.

L'ascenseur les contient mal, tous les trois. Elle parle la première.

— C'est le chien ? dit-elle. Celui qu'on recherche ? J'ai compris, tu sais ! C'est donc toi qui as tué Langlois ?

Un silence, pendant que la cabine s'élève en chuintant. Enfin G répond :

— C'est bien moi !

— Alors, tu as lu ses papiers ?

— Oui.

— Tu travailles pour M. Louis ?

— Oui. Toi, ton numéro de téléphone est dans le carnet d'adresses de Langlois !

— Ah ! c'est donc ça !

L'ascenseur s'arrête au troisième. Patricia, tout en marchant, explique :

— J'ai préféré retenir une chambre. La voiture, ça me crève. Je repartirai demain. Mais tu aurais pu venir à Paris.

Elle s'efface, entre à son tour derrière G et Romulus qui, déjà, flaire activement les meubles.

— Asseyez-vous tous les deux, dit Patricia. Tu crois qu'il va rester tranquille ? Moi, les chiens, oh ! je ne leur ferais pas de mal, mais enfin tu me comprends ?

Elle va dans la salle de bains, mouille le coin d'une serviette et se tamponne les bras, les aisselles. Puis elle s'assoit sur le lit.

— Alors ! Raconte ! J'ai appris par la radio la mort de ce pauvre Langlois mais je t'assure que je ne savais pas que tu étais dans le coup.

— Tu ne savais pas que je travaillais pour M. Louis ? Eh bien, figure-toi que moi, c'est pareil. J'ignorais que tu travaillais pour lui. On va mettre tout ça au clair, si tu veux bien ! Parce qu'il y a quelque chose qui me tracasse.

Elle lève une main chargée de bagues.

— Tu permets. Un petit whisky ne nous ferait pas de mal.

Elle sonne le bar et passe la commande.

— Bon, vas-y, mon Georges. Tu es tracassé ! Entre nous, je t'ai toujours connu tracassé. Et alors ?

— Réfléchis ! J'arrive et tu te dis, si Georges est avec le chien du président, c'est donc que c'est lui qui a tué le vieux. Mais puisqu'il travaille pour M. Louis, c'est donc qu'il a reçu l'ordre de me tuer aussi.

Elle hausse les épaules et cela fait une espèce de tintement de grelots.

— Tu n'as rien appris ! dit-elle, et, allongeant la main sous le traversin, elle la retire armée d'un tout petit automatique.

— Toi, tu as ton chien, fait-elle en riant. Moi, j'ai ça.

Elle vise G et Romulus gronde.

— Bon, bon... C'est pour jouer.

Elle cache l'arme à nouveau et reprend :

— Tu penses bien que, si j'ai accepté de venir, c'est parce que je savais que je ne risquais rien. M. Louis voudra peut-être se débarrasser de moi un jour, mais pas maintenant.

— Tu lui as dit que je t'avais téléphoné ?

— Bien sûr.

Le valet de chambre apporte le plateau et Romulus, inquiet, le surveille, G bourre sa pipe. Patricia lui offre sa boîte de Craven.

— Ramasse cette pipe ! Ça va puer le commissariat de police !

Elle lui allume la cigarette avec un briquet d'or. G souffle deux ou trois bouffées, tout en caressant Romulus qui veut bien s'asseoir mais pas se coucher.

— Ce que je voudrais comprendre, dit-il, c'est ce qu'il y a entre toi et M. Louis. Et pourquoi j'ai été tenu à l'écart... et pourquoi tu as prévenu Langlois de ton prochain départ, comme si tu te sentais menacée.

Le visage empâté de Patricia exprime une espèce d'amusement indulgent, mais ses yeux sont attentifs comme ceux d'un joueur de poker. Elle pousse un profond soupir, avale une gorgée d'alcool et s'assied soudain sur la carpette.

— On est mal, sur ces lits ! s'écrie-t-elle. Et tu n'es pas le type à se formaliser. Bon ! Ce que tu veux, c'est que je te raconte ma vie. On s'est séparés, tu te rappelles ? Plus exactement, c'est toi qui m'as laissé tomber. Je passe sur la période où j'ai dû tapiner.

Une gorgée d'alcool, qu'elle garde un peu dans la bouche, comme si les images d'autrefois l'empêchaient d'avaler.

— Si je n'avais pas rencontré Lucien — il se fait appeler M. Louis, maintenant, mais à l'époque c'était une espèce de chat maigre qui s'appelait Lucien —, tu vois, je me serais foutue à l'eau...

— Un maquereau, je parie ?

— Oh ! ça te va bien de parler comme ça, et si ce que je vais te dire te fait rigoler, je t'envoie ma main sur la gueule. Lucien m'aimait...

Elle l'observe. Il ne bronche pas. Quelqu'un a pu aimer cette grosse femme ! Mais lui, pardi ! Et puis le Lucien ! Et puis... Toutes ces amours se succèdent, grises et floues, comme la même silhouette indéfiniment répétée dans la glace d'un coiffeur. Écœurant !

— Il ne savait pas faire grand-chose ! reprend-elle. Mais quand on ne travaille pas soi-même, on peut toujours faire travailler les autres.

— Le chantage ? dit G.

— Voilà ! J'étais belle gosse, si tu te rappelles ?

Lucien a investi. Sur moi. Il a dû emprunter pour m'installer près de l'Étoile, deux pièces, vue imprenable, garde-robe en rapport, la call-girl de première, si tu vois... Alors, les touches, ça n'a pas manqué, et quand je levais le gros gibier, on lui faisait le coup des photos suggestives... les négatifs contre les millions... ça ne marchait pas toujours, mais Lucien savait parler aux plus récalcitrants et le pognon tombait.

Elle disait « pognon » à la manière d'un homme d'affaires qui constate, sans passion, sans âpreté, et G avait l'impression d'être soudain, devant elle, le gagne-petit qu'il avait toujours été. Elle s'allume une Craven dont elle souffle la fumée par le nez, et d'un geste souple attrape le cendrier et le dépose sur le tapis.

— J'abrège, dit-elle. On commence modeste et puis on grandit, quand on est sérieux. Je me rappelle plus quand Lucien est devenu M. Louis, mais ça a été assez vite. Et je vais te dire quelque chose qui va te surprendre, pendant tout ce temps-là, je te prie de ne pas rigoler, nous nous aimions... Oui, parfaitement! Mais pas comme au cinéma... nous nous aimions pour gagner, l'un poussant l'autre, si tu préfères. Tiens, imagine ton fauve, là, couplé avec une femelle pour mieux chasser... tu vois le travail! Nous avions des contacts dans tous les milieux, nous ne refusions rien, les jeux, la drogue, les filles... On voulait aller vite et naturellement quand on va vite, on bouscule pas mal. C'est comme ça que, à droite, à gauche, on a commencé à chuchoter le nom de M. Louis.

— Je vois! dit G.

— Tais-toi donc! Tu ne vois rien du tout... Envoie-moi l'oreiller... Je ne me sens plus le dos.

— Tu veux le fauteuil ?

— Non, ça va, merci... Je dis que tu ne peux rien voir parce que justement il n'y a rien à voir. M. Louis a une affaire d'import-export tout ce qu'il y a de plus régulière, et moi, de mon côté, j'ai plusieurs boîtes de nuit où se rencontrent des acteurs, des politiciens, des cinéastes, des femmes du monde, rien que des intouchables... Tu penses si on a pris nos précautions !

— Et Langlois ?

— Attends, je n'ai pas fini ! Ce qui a fait notre force, c'est que nous avons toujours su mêler nos intérêts. Nous aurions pu nous faire la guerre parce que l'import-export, ça couvre un peu tout — tu n'en reviendrais pas si je te parlais des contrats qui se sont discutés chez moi — le pont de Tonnay-Charente, les abattoirs de Rocheville, et pour finir les Cimenteries du Sud-Ouest.

— C'est ça qui m'intéresse ! coupe G.

— Oh ! ça ! fait Patricia. D'accord avec Louis, je suis devenue la maîtresse de Langlois... et après il n'y a eu qu'à l'éponger sous la menace. Le pauvre type était un vrai malade. Je lui fournissais toutes les petites qu'il voulait quand il montait à Paris. Bien entendu, le moment est venu où les crédits lui ont été coupés... On en est là ! Louis va mettre la main sur les Cimenteries, comme il a mis la main sur les Scieries du Morbihan et sur les Conserveries du Finistère.

— Explique !

Patricia écrase son mégot et allume une autre Craven.

— C'est bien en souvenir d'autrefois que je te raconte tout ça, murmure-t-elle. Tu n'as pas tellement changé, tu sais ! Ah ! si j'avais pu me douter que tu travaillais pour Louis ! Mais il y a bien des choses qu'il garde pour lui. Il a ses employés. J'ai les miens. Ça, c'est notre part d'indépendance.

— Alors ? Les Cimenteries ?

— Mais pourquoi tiens-tu tellement à savoir ?

— Parce que c'est moi qui ai tué Langlois ! J'ignore ce que vous avez mijoté, mais il me semble que j'ai un peu le droit d'être renseigné !

— Cette affaire, dit-elle pensivement, ce n'est peut-être pas ce que nous avons fait de mieux !

— Pourquoi ?

— Parce que ça touche à la politique. Ça a quelque chose à voir avec l'E.T.A. et je n'aime pas ça ! Si Louis m'avait écoutée, il n'aurait pas fait supprimer Langlois... Au fait, c'est toi qu'il en avait chargé, sans me le dire ! Je dois t'avouer quelque chose, mon petit Georges. Depuis que Louis a mis le doigt dans la politique — et politique, terrorisme, tout ça se tient —, je me demande s'il n'est pas en train de perdre les pédales, et de me les faire perdre à moi aussi. Je vais te donner un conseil : tire-toi ! Laisse tomber.

— Si je peux !

— Quoi ? Tu as bien un petit coin à toi où il ne pourra pas te remettre la main dessus ?

— Oui. Mais tu oublies le principal : je possède les papiers de Langlois et je me trimbale avec ce client dont toute la presse a parlé.

Il caresse Romulus qui bâille un grand coup et s'ennuie ferme.

— Voyons, ces papiers sont tellement compromettants ?

— Je crois, oui. Et d'abord — mais tu vas sauter en l'air, il y a une lettre de toi.

— Quoi !

— Mais oui, je ne plaisante pas. Une lettre de quelques lignes pour lui dire adieu.

Patricia s'adosse au mur qu'elle tache de sueur. G continue.

— J'ai cru comprendre que tu as été sa maîtresse...

— Ah ! je t'en prie ! Pas ce ton de moquerie. Oui, j'ai été sa maîtresse, il y a longtemps ! Comment penses-tu qu'on les appâte !... Il m'a toujours fait un peu de peine.

— Tu lui disais que tu te préparais à partir. C'est vrai ?

— C'était pour rompre gentiment...

G se penche un peu pour mieux voir ce visage indéchiffrable sous le maquillage.

— Allons donc, fait-il en souriant méchamment. Tu savais que quelqu'un allait venir pour le supprimer !

— Non ! Je te jure.

— Tu t'en doutais ! C'est pareil. Tu sais, entre toi et moi, en ce moment, on n'a vraiment rien à se cacher. Heureusement que ce pauvre innocent ne comprend pas, sinon il s'enfuirait en hurlant ! Seulement, moi, je tue sans faire de chichis tandis que toi, il faut qu'en plus tu consoles, tu caresses, tu te donnes le beau rôle.

— Ça suffit ! crie Patricia. Vous allez voir que c'est moi qu'on engueule.

Romulus s'agite, va flairer cette bonne femme qui s'accroche au lit pour se mettre debout. Elle tire sur sa blouse et va chercher le tabouret de la salle de bains.

— Ce qu'on peut être mal ! grogne-t-elle. Tu veux un autre whisky ?

Elle téléphone à la réception. Elle a une voix de commandement qui donne envie de l'envoyer promener, mais, retrouvant le ton de la gentillesse, elle admet :

— D'accord. Je me doutais de quelque chose parce qu'il ne pouvait plus payer. Alors, j'aimais mieux prendre mes distances...

— Sur la pointe des pieds ? achève G.

— Tu regretteras peut-être tes vacheries, tout à l'heure ! observe-t-elle sans se fâcher. Et puis ? Quoi d'autre ?

— Des relevés de l'Indosuez.

— Et puis ?

— Des brouillons. Une lettre à un certain Paul, où il manifeste l'intention de se suicider. Il y nomme un certain Bernède qui aurait servi d'intermédiaire à des clandestins espagnols...

— Ah ! je le craignais !

— Je continue ? demande G.

— Allez... allez... fais vite.

— Eh bien, il dénonce M. Louis, contre qui il aurait paraît-il un dossier.

— Et où il est, ce dossier ?

— Il n'a pas eu le temps de le préparer.

— Encore une chance ! dit-elle. J'avais prévenu Louis. Le chantage, c'est de tout repos. Mais les magouilles politiques, c'est merdique.

Sans doute parce qu'il vit seul, G n'a pas l'habitude de jurer, ou du moins très peu. Il n'est pas choqué, non. Mais il est mal à l'aise. Il continue :

— Il y avait aussi son agenda, une espèce de

journal de bord du vieux dragueur. Avec toute une collection d'adresses. La tienne, bien entendu.

Le valet de chambre apporte de nouvelles consommations. Patricia mouille le coin d'une serviette, s'en humecte le front et les oreilles, prend un glaçon dans le seau à glace et le suce avec des grimaces, comme si elle s'échaudait.

— Ça fait du bien. Et puis quoi encore ?

— Si je te disais, fait-il, que je n'ai pas épluché très attentivement toutes ces paperasses ! Mais ce que j'en ai vu m'a paru diablement dangereux.

— Eh oui, admet-elle. Il fallait trancher et ça pressait. Surtout que le président était le parent d'un tas de gens influents.

G se lève, pour se délasser, et Romulus s'ébroue, prêt à sortir de cette chambre étroite qui sent le désinfectant.

— En résumé, dit G, en cherchant ses allumettes, j'ai été ton amant. Tu as été la maîtresse de M. Louis. Tu l'étais encore de Langlois il n'y a pas longtemps. On est tous cousins de la main gauche. On devrait pouvoir s'entendre ? Alors, qu'est-ce qui nous en empêche ?

— Tu ne te rends pas compte, dit Patricia. Tu fais ton petit boulot au jour le jour. Facile ! Mais nous ! Mais moi !... Ce que j'ai en tête, c'est une espèce de chaîne de call-girls, une multinationale, appelle ça comme tu voudras mais il s'agit bien d'un réseau. Ce qui a été réussi avec Langlois — et ça nous a rapporté des millions —, ça doit marcher sur une très grande échelle, mais à condition de ne pas mélanger les genres. Les filles d'un côté, les actions terroristes de l'autre. Et Louis, justement...

Elle s'interrompt pour boire. Il profite de l'occasion pour placer sa question :

— J'aimerais bien le rencontrer. Avoue que c'est assez extraordinaire que, depuis que je travaille pour lui, je n'aie jamais eu l'occasion de lui parler. Et j'aurais des choses à lui dire. L'affaire Langlois, par exemple, si ça n'a pas bien marché, ce n'est pas seulement par ma faute.

— Ah ! s'écrie-t-elle, tu as remarqué, toi aussi... Le malheur, c'est qu'il n'est pas bien entouré ! Et quand on commence à improviser...

— En somme, dit G, il y aurait de la rivalité dans l'air ?

Au lieu de se fâcher, elle éclate de rire et Romulus sursaute.

— Ne pense plus à tout ça ! conseille-t-elle.

— Mais pardon ! proteste-t-il. A l'heure actuelle, je sais autant de choses dangereuses que Langlois. Je mérite donc d'être liquidé exactement pour les mêmes raisons que lui. C'est pourquoi je t'ai demandé de me rencontrer. Qu'est-ce que je dois faire ? Est-ce que tu connais les intentions de M. Louis ?

Elle pèse le pour et le contre et enfin se décide :

— C'est toi qui nous mets tous en danger. Pas tellement les papiers. Est-ce que tu peux te cacher pendant quelque temps ?

— Oui, bien sûr.

— Avec ta sale bête ?

G caresse d'un geste protecteur la tête de Romulus.

— Ça me regarde ! dit-il avec raideur.

— Bon, bon ! Tâchez de disparaître jusqu'à la fin du mois, le temps qu'il vous oublie. Quand il était plus jeune, il n'oubliait personne! Mais maintenant, lui et moi, nous avons trop d'affaires en tête.

Elle met sa main parfumée sur la bouche de G.

— Non, tais-toi. Je ne veux pas savoir où tu t'es réfugié, ni si tu disposes d'un téléphone, ni si tu as changé de nom. Je ne te connais plus, tu comprends? Je te demande seulement de renvoyer les papiers à M. Louis.

— Il sait que je suis ici?

— Il ne sait rien du tout! Si tu es prudent, il ne t'arrivera rien.

Elle sourit et G surprend, comme en une fugitive surimpression, le visage d'autrefois.

— Il sera furieux, dit-il.

— Eh bien, il sera furieux.

Elle se lève avec vivacité et Romulus gronde. G lui donne une petite tape sur le museau.

— Avec lui, explique-t-il, on a intérêt à éviter les mouvements brusques.

— Charmante bestiole, plaisante Patricia. Ce ne serait pas plutôt qu'il ne m'aime pas? Tu pourrais pas lui faire comprendre que toi et moi, pourtant, il y a eu un temps où nous nous entendions bien?

Elle s'approche très doucement de G et chuchote :

— On n'est pas près de se revoir, mais si ça te fait plaisir... Moi, oui!

Elle porte la main à la ceinture de son pantalon. G lui prend le poignet :

— Non, souffle-t-il, pas devant lui.

Alors, elle s'enhardit jusqu'à toucher les oreilles du chien.

— C'est bête, l'amour! murmure-t-elle. Allez! On s'en va. On s'est tout dit.

G fait plusieurs essais avant de trouver une 2 CV qui s'ouvre sans difficulté. Il ne risque guère, au volant de cette voiture, d'être arrêté par un barrage.

— Elle t'a plu ? dit-il à Romulus. Au fond, elle nous sauve la mise. Je ne sais pas si j'aurais accepté de fuir encore un coup. Il faudra quand même ouvrir l'œil.

Ils retrouvent tout de suite leurs habitudes, Romulus son os et G sa pipe. Un tour d'inspection. Rien d'anormal à signaler. G fait la leçon à Romulus, tout en préparant la soupe.

— A Guenrouet, on leur dira que j'ai eu un petit accrochage et que, pour me dépanner, on m'a prêté cette 2 CV.

Il a retrouvé son entrain, sifflote en mettant le couvert.

— A partir de maintenant, dit-il, tu viendras à table, à côté de moi. Tu tâcheras de bien te tenir. Et je vais te dire une bonne chose ! M. Louis, on l'em... Bon, tu m'as compris !

Chapitre 10

G s'aperçoit qu'il n'a plus le temps de s'ennuyer. Quelquefois, au bout de quelques jours, la retraite lui pesait, surtout si le mauvais temps le retenait à la maison. Il est de ceux qui n'ouvrent jamais un livre, qui ne jettent qu'un coup d'œil distrait sur les photos des magazines, tout de suite agacés par les images trop complaisantes des grands de ce monde. Il s'endort très vite devant la télé. Il aimerait assez les histoires à suspense mais, dès qu'apparaît un tueur, il a envie de crier au chiqué. Alors, il laisse ses mains travailler. Sa distraction favorite, c'est de fabriquer des mouches. Il ne cherche pas la ressemblance. Au contraire. Ce qui le ravit, c'est la mouche la plus improbable, la petite chose poilue, aux couleurs chatoyantes, qui attire souvent les chevesnes, tellement elle paraît provocante et scandaleuse. Ils viennent l'observer, le nez sur le corselet velu, déconcertés, à la fois tentés et réfléchis. Une pirouette. Un remous ? La bête est loin. G a compris. Il ajoutera du rouge ou du jaune, la touche de maquillage qui provoquera le long des nénuphars l'agitation la plus indignée.

Il rentre d'habitude à la tombée du jour. C'est l'heure louche où il faut s'accepter comme on est. On mange sur un coin de table, un bout de fromage, un morceau de saucisson. Cuisiner ? Pourquoi ? G allume dans toutes les pièces. Il fume sa pipe. Il n'est ni content ni mécontent. Il attend. Demain peut-être, revenu à Paris, il trouvera un message et bouclera son sac. Après, il y aura beaucoup d'argent à toucher, chaque minute comptera deux fois, tellement il faudra ouvrir l'œil. Il vit en somme comme un fauve. Il y a le temps de la chasse et le temps de la digestion, le temps de l'éveil et le temps de l'engourdissement. Mais surtout il y a, maintenant, le temps de Romulus qui mêle, d'une manière si riche, tous les moments ensemble ; les moments du père loup qui n'a plus le droit de s'appartenir, parce qu'il doit sans cesse avoir un œil, une oreille, une narine en direction de ce rejeton tumultueux et imprévisible.

— Ici, voyou ! Au pied. Quand je dis au pied, ça ne signifie pas que tu dois me bouffer les orteils !

Les séances de dressage ne durent jamais bien longtemps parce que Romulus a compris qu'une certaine façon de pousser un petit cri joyeux met fin à toute discipline. G l'empoigne par les joues, le tient tout près de son visage et dit : « Cause... comme tout à l'heure... tu sais, ta voix de môme... Fais comme moi. »

Il s'arrache une espèce de bruit rauque qui s'achève en éclat de rire, et il donne quelques coups de tête au museau docilement offert.

— Allez ! Dehors !

Romulus a rapidement appris le chemin forestier. Il ose aller loin, disparaît dans le sous-bois et fourrage à corps perdu dans les feuilles mortes. G a exploré. Non, il n'y a pas de serpents. Aucun risque. L'heure est douce. Plusieurs jours ont passé. Romulus n'a jamais donné un signe d'inquiétude. Les odeurs humaines qui flottent autour de la maison sont celles de l'épicier, du boucher, du garde champêtre, ou encore des ouvriers qui travaillent sur la coupe et qui ne manquent jamais, quand ils vont au village, en vélo, de lever la main.

— *Adios !... Ciao !... Agur. Buenos !*

G répond sur le même ton de gentillesse. Cela lui rappelle l'époque de Médrano, d'Amar, de Jean Richard. On entendait toutes les langues autour de la piste et c'était une forme de joie de vivre. Il pousse de temps en temps jusqu'au chantier dont Romulus aime bien s'approcher. Qu'est-ce qu'on risque ? Les scies hérissées de pointes, immobiles dans le soleil, jettent un éclat de feu. Romulus les dépasse de loin et va se vautrer dans les tas de sciure d'où il émerge, enfariné, éternuant, projetant autour de lui un nuage de poussière blonde.

— Ici ! ordonne G. Qu'est-ce qui m'a fichu une frimousse pareille ! Tu sais à qui tu ressembles, avec cette tête de clown ? A Patricia ! Parfaitement.

Ce disant il torchonne, d'un coup de Kleenex, le visage espiègle qui sourit, ma parole ! Les ouvriers rigolent, s'amusent à faire courir le chien, qui finit par s'écrouler sur le flanc à l'ombre.

L'heure de la pause s'allonge, se dilate, et le contremaître ne se hâte pas de donner le signal du travail. Le chien qui dort, le museau posé sur la cuisse de son maître, c'est une telle image de vacances qu'une langueur saisit le chantier. G fume à petits coups. Il ne sait pas dire les choses, mais, s'il avait le don de s'exprimer, il se murmurerait tout bas, juste pour Romulus et lui-même : « C'est maintenant la joie. » La queue de Romulus d'un battement paresseux dit oui. Et il est vrai que le temps ne compte plus. On ne fait plus attention au tam-tam du diesel, à l'aigre sifflotement du métal mordant le bois. Dans ce coin de forêt, on est si loin de tout. M. Louis a perdu leur trace. A supposer qu'il ait pu remonter la piste jusqu'à Nantes, là tous les chemins s'égarent. Et puis il a bien d'autres soucis en tête... S'il fait maintenant le trafic des armes, comme Patricia l'a laissé entendre, il a intérêt à se cacher, au diable le tueur et son chien. Oui... possible... peut-être... à voir... G admet l'une après l'autre les raisons de se rassurer, et pourtant, au fond de lui, il y a comme un subtil brouillard de doute car il a toujours su qu'un pacte l'unissait à M. Louis, cet engagement d'homme à homme, ce *mano a mano*, souffle contre souffle, où le vaincu n'est pas le plus faible, mais, mystérieusement, le plus lâche. Et il a fui. Qu'on appelle ça comme on voudra, refus d'obéissance, sursaut de dignité, refus d'abattre une bête sans défense, il fuit. Et il n'est pas exclu qu'un autre homme de main soit chargé de faire justice, pendant que M. Louis vaque à ses affaires les plus urgentes. Et c'est pourquoi il faut sans cesse observer Romulus comme on surveillerait un indicateur de danger, un appareil de haute sécurité, toujours prêt à surprendre un glissement, un craquement, un mouvement de l'air insolite. C'est de Guenrouet qu'il faut se méfier parce que la rivière, autrefois domaine réservé aux pêcheurs, est maintenant livrée à tout ce qui se propulse avec un moteur, depuis le chaland plein de pétrole jusqu'à ces houses boats, petites villas flottantes à bord desquelles on flâne à travers la Bretagne pittoresque. Qu'un estivant s'arrête au village... « Vous n'avez pas vu un homme avec un chien-loup qui boitille »... et ça y est, la conversation s'amorce. « Mais oui, il habite à côté de La Touche-Thébaud... vous ne pouvez pas le manquer... » Par là ! Tout droit jusqu'à la forêt ! Et la mort se met en marche, sous les apparences d'un vacancier en short et chemisette, l'appareil photo en bandoulière, mais c'est un magnum 85. Allons ! Assez rêvassé. Curieux comme on glisse aisément d'un sentiment de grand repos à une sourde angoisse, et tout ça à cause du chien, car on tirera aussi sur lui. Et c'est cela, l'horrible pensée qui soudain, dans le taillis des images de paix et de bonheur, dresse sa tête venimeuse. Une balle, G accepte. C'est comme le mortel coup de corne du taureau, dans l'arène. C'est le métier ! Les tueurs savent où il faut viser. Ils sont semblables à des chirurgiens qui possèdent par cœur la place de chaque organe. On peut leur faire confiance. Mais que savent-ils des chiens ! Où frapper pour les foudroyer ?

G ne peut imaginer son Romulus agonisant. Il l'a vu une fois et c'est assez ! La sueur mouille la paume de ses mains. Finie, la joie ! La forêt s'étend, tout autour, comme un théâtre, comme un ring, comme un lieu sauvage où des innocents risquent de mourir. G donne un coup de sifflet. On s'en va. C'est à la maison qu'on sera le mieux. Bras levé, il salue à la ronde. Les ouvriers s'arrêtent de travailler, regardent s'éloigner sous les arbres l'homme et son chien. Eux aussi, sans méchanceté, peuvent les montrer du doigt, tous les deux. G décide de ne plus sortir sans son revolver.

Précaution ? Panique ? Non pas. Simple besoin de retrouver ses marques, comme un athlète en train de se rouiller. Voilà ce qui arrive quand on met bas les armes. On se laisse envahir par les joies et les peurs de tout le monde. On devient mou, en dedans. Déjà, on a une main gauche sur laquelle on ne peut plus compter. Il est grand temps de rappeler à l'ordre tous ces muscles qui se croient, ma parole, en congé payé. G se cueille une badine, la montre au chien, la tend comme une épée.

— Saute !...

Ah ! le bon chien ! Il saute de confiance, puisqu'on a décidé qu'il pouvait sauter, et ensuite il est tout joyeux. Il court en rond. Il aboie pour en redemander. La merveille, c'est cette vie jaillissante, inépuisable, cette gaieté qui se dépense en invention continuelle de mouvements pour rien, pour le plaisir, pour la cabriole improvisée et toujours ce rapide mouvement de tête vers le témoin... hein... tu ne me perds pas de vue... c'est pour nous deux que je cours, que j'aboie, que je suis le démon des fourrés : « Je deviens dingue », pense G. Sans cesse, il doit se rappeler à l'ordre pour ne pas considérer Romulus comme une sorte d'étrange partenaire avec qui on peut entretenir un inépuisable dialogue de silences. Voici la maison. Changement d'allure. On marche maintenant le nez à terre. On lit des effluves. On déchiffre des signes. Ce sont d'immatérielles portes d'odeurs qu'on pousse une à une, la truffe soucieuse et puis voilà. On est chez nous. Cependant, G prendra la peine de pousser targettes et verrous et il laissera entrouverts les volets de la chambre, de manière à surveiller le chemin, comme d'un créneau, le pistolet à portée de la main.

Le bain, avant le coucher, on le prend dans la cuisine. On patauge dans le même tub. On essaie de saisir le savon à pleines dents.

— Lâche ça ! Veux-tu lâcher ça, idiot ! Mais qu'est-ce qui m'a fichu un crétin pareil !

Il fait encore si chaud qu'on se contente d'enfiler un pantalon de pyjama.

— Ce soir, dit G, on la boucle ! Je n'ai pas envie de causer.

Et pourtant c'est plus fort que lui ! Quand il a réussi à installer sur la couchette, près de lui, l'arrière-train de Romulus qui n'arrive pas à se caser tout seul, quand enfin le chien a trouvé sa place le long du flanc moite :

— Je te défends de me lécher, tu entends ! Ça me chatouille ! Allez ! Ta gueule ! Qui est-ce qui commande, ici !

Le silence revenu ne dure pas longtemps.

— Tu sais, reprend G, bientôt... c'est fini. Je n'accepterai plus aucun contrat. D'abord, c'est comme si j'étais mis au ban de la profession. Et puis, j'aime autant pas ! Pourquoi ? J'en sais trop rien. C'est toi mon contrat. J'ai effacé combien de clients ? Tu vois, je ne m'en souviens plus. Au fond, pas tant que ça ! Et jamais de femmes. Et jamais de près. Je veux bien tuer, mais pas assassiner ! Il n'y a que ce pauvre bougre de Langlois ! Si j'avais pu m'y prendre autrement ! Moi, ce que j'aimais, c'était les silhouettes, autant dire du vent. Quand tu alignes un mec à deux cents mètres, tu le distingues, bien sûr, mais comme une espèce de petite colonne de brume. C'est autant la jugeote que l'œil qui travaille, parce que la lunette déforme un peu... il y a un effet de halo, si tu vois ce que je veux dire ! Je m'en souviens d'un... un certain Mallory... Il faisait courir, à Auteuil... Il arrivait de grand matin, au volant de sa Jaguar... pour la tournée des canassons... Moi, je n'aime pas les chevaux, c'est mon droit, non ?... Mais lui !... C'est curieux, quand t'aimes les chiens, t'aimes pas les bourrins... Tu es tout chien ou tout bourrin !... C'était comme ça, dans les cirques !... Alors, mon Mallory, à la fraîche, s'offre son petit canter, et tu sais, un bonhomme au trot, ce n'est pas du gâteau. Eh bien, une seule balle, dans ce qu'ils appellent la bombe. Toc ! Plus de Mallory. Évidemment, tu ne peux pas le crier sur les toits mais tu te sens quelqu'un, après ! Tu dors ? Hé ! Tu dors ?

Oui, il dort et son souffle régulier fait, sur la peau, comme deux petites empreintes de fraîcheur. De temps en temps, le museau frémit, les pattes esquissent un bond et G serre davantage son bras autour de la bête.

Là... là... C'est un mulot... Reste tranquille. Tu l'attraperas demain... La nuit s'écoule et, au réveil, G, après avoir écouté les martinets et apprécié la couleur et l'intensité de la lumière, sait qu'il va faire beau. Tant de morts derrière lui, et pourtant il est prêt à accueillir avec appétit le jour nouveau.

— Debout, là-dedans, crie-t-il. A la soupe !

Tout de suite, ce sont les effusions du matin, les lècheries, les battements de queue, les mordillements du matin.

— Oui, oui ! Tu es un beau chien. Ce n'est pas une raison pour me piétiner.

Vite un tour de jardin. Ça presse ! Et puis la pâtée, le patouillement du museau dans la gamelle, et enfin voici l'heure de l'os, un gros os percé d'un trou où s'embusque une moelle grise, une quintessence de viande que la langue, avec une patience infinie, sollicite, circonvient, appelle, somme et enfin, coinçant l'os entre deux pattes, met en demeure de se livrer. C'est le seul moment où G sera enfin libre de sortir sans rendre des comptes, et il ne déteste pas, en vieux célibataire endurci, de se sentir, ne fût-ce que pour quelques minutes, rendu à lui-même.

Il bourre sa pipe, fait quelques pas en direction du sous-bois. Il y a quelque chose qui n'est pas comme d'habitude. Le chantier? On ne l'entend pas. Une grève? Bizarre! Il avance encore un peu, prête l'oreille. Rien. La légère brise de l'aube vient mourir dans les hautes branches comme une vague épuisée. Pris d'un soupçon, il rebrousse chemin et va s'assurer que Romulus est très occupé par son os. Il ferme doucement la porte et, à tout hasard, met son revolver dans sa poche. Il n'est pas inquiet. Aucune raison! Mais il se méfie. Les gars du chantier dorment souvent sur place, surtout par ces nuits très chaudes. Qu'un accident survienne, le contremaître couche à Guenrouet. Il faut aller le chercher. Le téléphone le plus proche est à... G sursaute. Il est chez lui, le téléphone le plus proche. Dans ce cas, quelqu'un ne va pas tarder, en vélo ou en mobylette. Il retraverse le jardin et se heurte presque à un grand diable qu'il reconnaît de suite. C'est celui qu'on appelle le Grec.

— On peut téléphoner?

— Bien sûr, dit G. Il est arrivé quelque chose?

Au même instant, un aboiement furieux cloue l'homme sur place. G n'a jamais entendu pareille fureur. Planté des quatre pattes derrière la porte, Romulus vient de retrouver la sombre rage du chien-loup. Il s'étrangle, la gorge pleine d'injures. Il griffe le bois. Il se jette sur l'obstacle.

— Eh bien, s'écrie G, c'est fini cette comédie ?

Romulus s'est arrêté. Maintenant, il reprend haleine, et le Grec, timidement, demande s'il est méchant.

— Un peu sauvage, c'est tout. Vous l'avez déjà vu, au chantier. Par ici, le téléphone.

Le Grec s'excuse, essaie d'expliquer clairement que deux de ses camarades se sont battus et que le Yougo a poignardé l'autre. Il faut un médecin.

— Je m'en occupe, dit G. Le Yougo, c'est le Yougoslave ?

— Oui.

— Une histoire de filles ?

— Oui.

— Bon. Ne restez pas là. Et toi, idiot, tâche de la fermer.

Romulus va et vient, derrière la porte, en protestant. Il a soudain perdu sa voix de chiot et fait entendre quelque chose de rauque, de haineux, mêlé de grognements que traverse de temps en temps un cri modulé comme une parole. C'est le cri de souffrance de l'amour bafoué qui dit : « Pourquoi ? Pourquoi ? »

Le Grec est parti et G appelle Guenrouet.

— Allô ! Docteur Bellanger ? On a besoin de vous, à la scierie. Il s'agit d'une rixe. Je n'en sais pas plus mais c'est sûrement sérieux. Je suis Georges Vallade. J'habite à l'orée de la forêt. Une petite résidence secondaire. Pardon ? Moi, que je prévienne les gendarmes ? J'avoue que j'aimerais rester en dehors de tout ça... Bon, d'accord, je fais le nécessaire.

Ça, pense-t-il, c'est le coup dur. Les gendarmes ici !

Machinalement, il va ouvrir à Romulus et reçoit dans le ventre quarante kilos de chien éperdu.

— Mais bon Dieu, fous-moi la paix, quoi ! Oui, c'est bien moi ! Ça, c'est les mains du maître ! Ça, c'est la figure du maître ! Alors tu te calmes ? Il est parti, le bonhomme. Oui, il sentait l'oignon. J'y peux rien.

Il a formé, en parlant, le numéro de la gendarmerie.

— J'appelle pour signaler une rixe, à la scierie... Je suis Georges Vallade. Je viens d'être prévenu par un des ouvriers. Je suis le seul, dans le coin, à avoir le téléphone. J'ignore si c'est grave. Non, je suis en vacances, chez moi, dans ma maison... J'écris un livre et je voudrais bien qu'on ne me dérange pas trop. Oui Vallade, comme ça se prononce. Ah ! vous êtes nouveau dans le coin, mon adjudant. Mais vos hommes me connaissent sûrement de vue. Eh bien d'accord. A tout à l'heure !

Il repose le téléphone et fait disparaître son revolver.

— Manquait plus que ça ! mâchonne-t-il. On va les avoir sur le dos ! Qu'est-ce que tu paries ?

Les gendarmes, il en a toujours eu peur ! Ça cherche, ça fouille, ça renifle, les gendarmes. Et de question en question, en principe pour les besoins de l'enquête ! en réalité pour satisfaire une curiosité jamais épuisée, ils vont patiemment, de ragots en bavardages, construisant, à force de petits détails, des sortes de nids rustiques où ils mettront au monde des hypothèses qu'il faudra nourrir à leur tour de détails tout frais et, un beau jour, clac, les menottes, comme un coup de dents !

Mon pauvre loupiot, cette cicatrice, sur ta cuisse, tu crois que ce n'est pas un détail à les faire rêver ! Bien entendu, ça n'a rien à voir avec cette histoire de coup de couteau, mais avec eux rien n'est jamais perdu. Cette cicatrice, on se la met de côté! Et avec leurs foutus ordinateurs, tu ne sais jamais si on ne va pas prouver que, le jour où j'ai tué Mallory, je m'étais fait conduire en taxi à Auteuil!

Romulus, assis devant G, écoute bien sagement, mais il est résolu à refuser qu'on l'enferme. Il préfère qu'on le tienne en laisse, chez lui, dans sa maison. Inutile de lui promettre des os à moelle, non c'est non.

Mains au dos, tête basse, G fait les cent pas. Il n'a plus de goût à rien. S'il s'écoutait, il irait se recoucher. On mangera comme on pourra : des spaghetti et des patates bouillies. Encore une fois, il repasse dans sa tête tout ce qui peut l'incriminer : le chien, oui. On peut lui demander où Romulus a récolté sa blessure. Et puis la 2CV volée, mais il est encore temps d'aller la perdre en pleine forêt, où ne passent que les renards et les sangliers. Ah! il y a aussi le fusil et ses accessoires, c'est même par là qu'il faut commencer... Un trou au fond du jardin, le long du fumier. Les papiers de Langlois, bon, ils sont détruits! Alors? G tourne sur lui-même comme si d'autres indices étaient rangés là, en rond. Mais non! Il a bien tort de s'inquiéter. C'est qu'il n'a pas assez creusé le problème car ce chantier porte un nom : il fait partie des Scieries du Morbihan. Et qui les contrôle, ces scieries, entre autres? La société d'import-export de M. Louis. L'enquête va commencer tout petit, évidemment. Qui est celui qu'on surnomme le « Yougo »? D'où sort-il? Les vrais motifs de la querelle? Si vraiment c'est une fille, tout s'arrêtera là! A condition qu'on ne profite pas de l'occasion pour mettre le nez dans les affaires de M. Louis ! Seulement, hélas, c'est un morceau de choix, M. Louis. Un os à moelle !

Romulus frétille et va regarder dans son coin, à tout hasard. G poursuit sa méditation douloureuse. Car la société de M. Louis coiffe aussi pas mal de filiales et déjà ces Cimenteries du Sud-Ouest dont justement le P.-D.G. vient d'être assassiné (il y a une histoire de chien, là-dedans, à tirer au clair, dira quelque haut fonctionnaire de la police au commissaire chargé de l'affaire). Nous voici loin du Yougo. Peut-être pas ! Ne pas oublier que Patricia a marqué le coup quand il a été question de ce Bernède soupçonné d'avoir des rapports avec des clandestins espagnols. Ainsi, les Cimenteries dissimulent peut-être quelque trafic louche, armes ou drogue, ou les deux ? Mais les Cimenteries c'est M. Louis, les Scieries du Morbihan, c'est M. Louis, et l'on va sûrement découvrir que pas mal d'autres entreprises, c'est toujours M. Louis, et chaque fois qu'une nouvelle affaire est rattachée à sa société, quelque P.-D.G. encombrant disparaît. Étranges coïncidences, qui s'embrasent toutes à la fois, comme le bouquet d'un feu d'artifice. G est obligé de s'asseoir ! Lui qui croyait que M. Louis ne louait ses services qu'au coup par coup, pour laver une offense. Pauvre imbécile ! J'étais, songe-t-il, sa force de frappe, il m'utilisait systématiquement pour forcer la main de ses concurrents les plus gênants...

Il va boire un grand verre d'eau, caresse Romulus au passage.

— Et la Patricia, hein ? Où la places-tu, dans ce tableau ? Tu les vois, tous les deux, lui régnant sur ses actionnaires et elle sur ses filles, chacun construisant son petit empire ! Jusqu'au moment où ils entrent en collision, paf! Le cimentier, tondu par Patricia et ruiné par M. Louis, s'adresse à la justice et tu veux que je te dise... eh bien, rappelle-toi l'ordinateur, on colle dedans tout pêle-mêle, les filiales de l'un, les chantages de l'autre, et Bernède et le Yougo. On agite le mélange et on cherche un lampiste, pour éviter le scandale. Mon pauvre bonhomme ! Qui c'est qui a une gueule de lampiste ? Moi ! Et toi par ricochet. Tu es toujours là pour prendre les ricochets. Il se peut que j'exagère ! mais je sais par expérience que les grandes escroqueries ne se dévoilent que de cette façon-là : une pauvre petite histoire sordide, un minable fait divers dont, de proche en proche, on déterre les foisonnantes racines. C'est pour ça que les gendarmes sont redoutables. Ils possèdent le don d'être les plus doués sur la truffe. Ouais, je sais ! Les truffes n'ont pas de racines ! Eh bien, mettons qu'ils fonctionnent à l'odeur, comme toi ! Et justement, cet adjudant plein de zèle me paraît jouir d'un odorat redoutable. Allez ! Plus une minute à perdre !

Mais il est déjà trop tard. A la jumelle, on distingue nettement, au bout du chemin forestier, une agitation d'hommes et de voitures à antenne. Les scies sont stoppées. Il y a des civils et des uniformes. Ça y est ! L'enquête est lancée. G s'active. Il dégonfle deux pneus de l'auto, démonte une portière qu'il couche négligemment le long du mur.

Il macule de peinture la plaque minéralogique arrière et enlève la plaque avant. Tout de suite, la 2CV, déjà durement marquée par les ans, prend une allure d'épave. Qui songerait que c'est une voiture volée ! Pour le fusil, G en a gros sur le cœur. Une si belle arme ! Il enveloppe la boîte et les accessoires dans une robe de chambre qu'il attache bien serré, et enfouit le colis dans la partie du terreau la plus sèche.

Une dernière fois, l'œil du maître, partout. Rien n'a été oublié. Déjà la matinée s'achève. Un peu avant midi apparaît la petite voiture de la gendarmerie.

L'adjudant est jeune, élégant dans sa tenue d'été, rasé de près, cheveux réglementaires. La loi ! Rien que la loi. « Et moi, pense G, je suis le crime, rien que le crime. Et Romulus est l'innocence, rien que l'innocence. Et de toute façon, c'est lui qui paiera, si les choses se gâtent. C'est dégueulasse. »

Poignée de main. Romulus refuse de faire ami-ami, mais se tient tranquille parce qu'une poignée de main, cela s'interprète comme un signe de paix.

— Belle bête ! dit le policier, tout en sortant un bloc-notes. Voyons ! les questions de routine d'abord. J'aurais pu m'arrêter à l'aller. Mais j'ai préféré tout examiner à chaud. Une affaire banale, mais ils mentent tous par principe. Alors, vos nom, prénoms, etc.

Il s'appuie du dos sur l'aile de sa voiture, tranquille, solide, connaissant son métier. Romulus, assis à côté de son maître, ne perd aucun de ses mouvements. L'adjudant note l'heure, les propos échangés avec le Grec, les impressions de G :

— Connaissez-vous la victime ?

— Non, pas spécialement.

— Y avait-il des conflits fréquents ?

— Je n'en sais rien. Nous avions juste des relations de voisinage.

— Pas de querelles politiques ? Il y a là-dedans les Arabes, des Grecs, des Turcs...

— Je l'ignore. Mon chien et moi, nous ne sortons pas beaucoup.

— Vous n'avez jamais vu de femmes, aux abords du chantier ?

— Non, ça, je l'affirme.

Le bloc se referme d'un coup sec.

— Merci ! dit l'adjudant. Nous nous reverrons bientôt. J'ai tout lieu de croire que, la nuit, des gens venaient par ici, à vélo. Vous n'avez jamais perçu des bruits de bicyclette ?

— Non.

— Il ne vous est jamais venu à l'idée qu'un endroit comme celui-ci, en bordure d'une forêt, d'une route et d'une rivière navigable, offre des avantages particuliers ?

— Non... Pourquoi ?

— Oh ! pas seulement pour y faire du camping !

Le gendarme se redresse, salue, et fait signe à son chauffeur de démarrer, laissant G perplexe.

Chapitre 11

G réfléchit à s'en faire éclater les tempes. M. Louis viendra sûrement au chantier. Et là, il entendra parler de l'homme au chien, chez qui on trouve un téléphone.

Il aura inévitablement besoin de téléphoner et retombera sur la piste perdue ! Que faire ? Partir, c'est avouer qu'on cache quelque chose. Rester ? Autant se constituer prisonnier tout de suite. D'ailleurs, M. Louis tranchera. Quand il aura reconnu son employé, il s'empressera de le faire abattre, pour éviter d'être dénoncé. Et même si G le désignait du doigt et criait au monde : « C'est lui ! », qui le croirait ? Quelle preuve donnerait-il ? Est-ce qu'on prête l'oreille aux divagations d'un tueur ?

G, comme un condamné, les yeux bandés, qui fait à tâtons le tour de sa cellule, palpe la muraille. Il n'y a pas d'issue. Et le pire, ah ! cette pensée le dévaste ! le pire c'est que dans quelques jours, c'est-à-dire dès qu'il sera devenu suspect, si d'ici là il n'est pas exécuté, il sera séparé de son chien. Qu'on le mette en prison ou qu'on le conduise au cimetière, Romulus, lui, sera seul et le cherchera partout. Et on a beau être revenu de tout, savoir que la vie est une saloperie, il y a des images qui sont insoutenables... Romulus jeté en fourrière et, le nez contre le grillage, cherchant dans la panique, parmi les relents d'excréments, l'odeur amie de son chef. Un désespoir d'homme, ça se surmonte! G le sait. Mais un désespoir de bête, on s'étrangle avec! Et plus on se dit ça va passer, après tout, ce n'est qu'un chien — il a déjà entendu bien des fois cette remarque — c'est faux! C'est monstrueux! On doit tirer sur son col pour respirer! Il y a, dans les yeux bruns de Romulus, cette petite chose immatérielle qui n'est ni reflet, ni lueur, ni rien de saisissable, mais c'est vivant et tendre! N'y aurait-il que cela, dans ce monde de meurtre, que ça vaudrait le coup de le défendre! N'est-ce pas, mon beau? Viens ici. Couche-toi sur mes genoux, que je te sente plus près de moi. Tu es encore là pour longtemps, je te le promets. Qu'on essaie de t'emmener, il me reste un chargeur! Assis par terre, effilant de la paume les douces oreilles qui se prêtent au contact, G renonce à inventer une solution. Il n'en voit pas. Ou plutôt si, il y en a une! Peut-être ne faut-il pas exagérer le danger! Peut-être s'accrocher à cette idée que deux journaliers se sont battus pour une fille. On colle le blessé à l'hôpital et l'autre en tôle, et c'est fini. La vie continue.

G s'aperçoit alors qu'il s'est méfié depuis toujours de tout ce qui peut ressembler au bonheur. Même sa petite ferme, il n'y croit pas. Il n'est pas de ceux qui s'arrêtent et disent : « C'est ici que je suis chez moi! Romulus, c'est la tentation du " chez-moi ". C'est pourquoi la séparation ne va pas tarder! » L'âme béante, G se rend compte qu'il appartient à un monde d'ailleurs, d'en bas, de la nuit, une espèce de monde de l'adieu. Il caresse le cou de son chien. Il n'a jamais été si triste et, pour se rendre courage, il murmure :

— Ça te dirait, une petite côtelette pour toi tout seul ? Allez, faisons les fous !

L'adjudant ne reparaît qu'à la fin de l'après-midi. Il s'avance, sans précaution, se contente de crier « Gardez votre chien ». Toujours à l'aise, le képi déposé sur la table, il s'assied à califourchon sur une chaise de la salle de séjour. G tient solidement Romulus qui paraît nerveux.

— J'étais sûr, dit l'adjudant, que ce n'était pas une rixe ordinaire. Et en effet nous avons reçu, à la brigade, une lettre anonyme, qui nous signale la présence d'une cache d'armes, près de l'étang. Vous connaissez l'endroit ?

— Oui, naturellement. L'étang au dolmen.

— Nous avons découvert des armes de poing, des fusils de chasse, deux fusils mitrailleurs et des grenades. Je ne parle pas des cartouches. Il y avait une carte de la région et un carnet qu'on est en train de photocopier. Il contient des notes en langage chiffré et un code.

« Voilà donc le coup dur ! pense G. Des armes ici. Des armes au Pays basque. Les Scieries du Morbihan. Les Cimenteries du Sud-Ouest. Un seul P.-D.G., M. Louis. Mais en cheville avec une certaine Patricia Lambesq, elle-même de mère espagnole, et plus ou moins patronne d'un réseau de call-girls. Tout cela va faire surface en même temps. »

— Félicitations ! dit-il. Mais en quoi puis-je vous être utile ?

— Le téléphone ! répond le policier. Celui du

peloton, à bord de notre voiture, est mobilisé par un inspecteur venu de Nantes.

— Déjà ?

— C'est que l'affaire prend des proportions.

— Eh bien, vous traversez le couloir et vous trouvez mon appareil dans la pièce voisine.

Le gendarme se lève, en faisant grincer ses cuirs, le ceinturon, l'étui du pistolet et sa bandoulière. Romulus se ramasse et gronde.

— Pas commode, votre pensionnaire ! remarque le gendarme. Je suis habitué. On en a un, mais beaucoup plus vieux. Il bouffe toutes nos framboises mais il est bien gentil.

Il prend possession de l'atelier dont il ferme la porte, sans s'excuser. Il est chez lui. Il reste poli mais service-service ! Et G, l'oreille vainement tendue, essaie de grappiller des informations. Il surprend, par-ci par-là, des bouts de phrases. « Parfaitement, mon capitaine... Oui, je m'en occupe... » Chuchotement. Silences... Puis la voix s'affermit : « Ce serait une coïncidence bien surprenante... Ils se ressemblent tous, mais enfin je verrai cela avec le vétérinaire. » Silence. Un silence qui vaut un claquement réglementaire de talons... « A vos ordres, mon capitaine... » Il sort de l'atelier en s'essuyant le front, où le képi a laissé une marque rouge.

— On n'en a pas fini avec cette affaire ! dit-il. Ça fait tache d'huile. Ne vous inquiétez pas pour le téléphone. On va se débrouiller avec notre matériel. Dites donc... Votre chien... Qu'est-ce que c'est, cette cicatrice ?

« Ça y est ! pense G, nous y sommes ! »

Il s'embrouille et se rend compte que cela fait

mauvaise impression. Mais il est bien obligé de répondre quelque chose.

— Il s'est battu ! dit-il.

L'adjudant hoche la tête d'un air docte.

— Méfiez-vous. Ce sont des bêtes superbes, mais des bêtes à pépins.

Visiblement il dit n'importe quoi, lui aussi. Pourquoi a-t-il parlé d'un vétérinaire ? Parce que, à l'échelon supérieur, les éléments d'une vaste enquête commencent à se grouper. Les pièces du puzzle s'ajustent. Langlois abattu, qu'est devenu son chien-loup blessé ? Or, ici, il y a un chien-loup qui porte à la cuisse une marque suspecte. Le gendarme se recoiffe, regarde autour de lui. G l'entend encore, disant : « Ce serait une coïncidence bien surprenante ! » Hé ! ma foi, le chien reparaissant ici, cela signifierait que ce Georges Vallade... C'est ça la tache d'huile. Soudain, il est pressé de repartir, le gendarme. Il tient l'enquête de sa vie. S'arrêtant à la porte du jardin, il se retourne :

— Vous comptez rester quelques jours ?

— Je pense, oui !

— On peut avoir encore besoin de vous...

C'est parti. La machine à broyer vient de se mettre en route. G ramène Romulus dans la maison. Ses mains tremblent tellement — la droite aussi — qu'il n'arrive pas à allumer sa pipe. Depuis tant d'années il a réussi à se faufiler entre les mailles de la justice, et maintenant... C'est donc ça le jour de la défaite ! Car de minute en minute il sent que s'enfonce comme un couteau la certitude qu'il est pris. Romulus s'allonge à ses pieds. Pauvre vieux ! Comme tu es heureux de n'être qu'une petite conscience au fil du temps ! Moi, c'est déjà demain qui me prend à la gorge. Demain, le vétérinaire. Demain, les gendarmes, et j'avouerai... tout de suite... A force de docilité, j'obtiendrai peut-être qu'on nous laisse ensemble... Mais je sais bien que je me raconte des histoires !...

Il boit un grand verre d'eau. Il se gratte. Il est vide. Il est hors de lui-même ! Il remonte sa montre. Il attend. Il finit par s'asseoir, les bras pendant entre les genoux. Cette fois, il n'est plus personne, ni Georges, ni Frédéric, ni Marcel, ni même Romulus ! Et s'il appelait Patricia ? Il pèse le pour et le contre, ce qui lui donne un but. A l'heure qu'il est, elle doit savoir que M. Louis, le puissant P.-D.G. de sa société d'import-export, fait l'objet d'une enquête au bout de laquelle il est facile d'apercevoir la prison. Rien n'est encore joué mais elle a trop l'habitude des affaires pour ne pas voir que le fragile édifice de ces entreprises juxtaposées à la hâte ne tient debout que par la menace et la violence. Elle est assez intelligente pour apercevoir ce que sera le mois prochain, la semaine à venir. Alors ? Comment compte-t-elle se mettre à l'abri ? Elle risque beaucoup moins que son patron, mais complice d'un criminel, ça va chercher loin !

Il va se tremper la tête dans le lavabo. C'est dans cette tête, si peu habituée à dresser les plans, que tout se passe, se construit, s'agence, avec des images, des bouts d'idées, et rien de tout cela n'a de consistance. Cela devient un conte à dormir debout ! Et même à supposer que la police finisse par apercevoir la vérité, derrière des choses aussi disparates que les cimenteries et les scieries, pour s'en tenir au plus simple, combien de temps lui faudra-t-il avant d'entamer des poursuites ? Alors, avec l'aide de Patricia, qui a toujours possédé le sang-froid et la clarté de jugement qui lui manquent, n'y aurait-il pas moyen d'élever une ligne de défense ? Il faut essayer.

Un doigt devant la bouche, G transmet à Romulus un de ces messages muets que le chien, oreilles braquées, une ride d'attention entre les yeux, traduit très vite dans sa langue — « Rester tranquille... Ne pas déranger, ne pas faire attention aux bruits de l'extérieur... » Il accompagne donc en silence son maître dans le laboratoire et se couche sous la table. Tout cela ne lui plaît guère. Il a capté et décrypté les effluves d'angoisse qui ont été produits par la visite de cet homme porteur d'une espèce d'uniforme. A tenir à l'œil. D'instinct, Romulus sait repérer ce qui est galonné et d'où rien de bon ne peut jamais venir. Il écoute maintenant la conversation qui circule à travers le fil, la voix de son maître, assourdie, attentive, et puis l'autre voix, lointaine, perceptible seulement par des oreilles de chien-loup.

— Allô, Pat ? Tu es seule ? Tu es sûre qu'il n'est pas là ?

— Qui ?

— Lui, bien sûr. M. Louis.

— Ne sois pas absurde. Il est loin.

— Vous êtes au courant, tous les deux ?... La cache d'armes ?

— Tu penses ! Une cachette à quelques centaines de mètres du chantier... Le bureau a tout de suite été prévenu. M. Louis est en voyage. J'ai envoyé notre avocat, à toutes fins utiles.

— Tu sais où se trouve le chantier ?

— Oui, évidemment ! Dans la forêt du Gâvre.

— J'habite à côté. J'ai déjà eu la visite d'un

gendarme de Guenrouet. Quelques questions, au passage. Mais il a vu Romulus, et ça, c'est embêtant. A cause de la cicatrice ! Un berger allemand blessé à la cuisse, j'imagine que son signalement a déjà été donné partout, à cause du crime de Châtel... Tu m'écoutes ?

Le maître ne s'en doute peut-être pas, mais cette femme, à l'autre bout, est inquiète, à son tour. La peur est quelque chose qui se transmet très bien par les fils. Patricia hésite.

— Tu habites à côté ? Comment ça ?

— Oh ! c'est tout simple ! Il y a plusieurs années, j'ai acheté par là une vieille petite ferme que j'ai fait retaper. Je vais m'y reposer. A l'époque, la scierie n'existait pas.

— Mais alors c'est une coïncidence ? Ah ! on n'est pas vernis ! Bon Dieu, on n'est pas vernis.

— Qu'est-ce que je dois faire ?

— Ne bouge pas, surtout ! Maintenant, le mal est fait. Tu peux dire que tu as été bien inspiré, en recueillant cette sale bête !

Un silence — le maître n'est pas content ! Il y a des ondes de colère qui se bousculent le long du fil. Et là-bas en plus, ça ne va pas tout seul. C'est comme un crépitement perdu dans la distance, mais cela s'analyse aisément comme une crise de rage. La voix reprend :

— Tu ne peux pas le planquer quelque part, ce clébard !

— Tu rêves !

— Je ne sais pas, moi ! Un chien perdu, par un dimanche d'août, ça se voit constamment et demain, figure-toi, c'est dimanche !

— Ça ne va pas, non ? D'abord, il me retrouverait à la trace, si j'essayais de le semer dans la nature. Et puis non ! Ce n'est pas n'importe quel chien !

Nouveau silence, et cette fois il y a une énorme tension orageuse dans leur appareil. Puis le maître repart à l'attaque :

— L'adjudant a parlé d'un vétérinaire...

— Tais-toi ! s'écrie-t-elle. Tu n'as pas encore compris ? Ton chien est tatoué. N'importe quel véto saura du premier coup où il a été acheté. Par qui. Et l'on tombera à pieds joints sur le crime de Châtel ! Et tout foutra le camp comme un lainage qui se démaille. C'est du propre ! Ah ! tu es peut-être un bon exécutant mais pour la connerie tu es imbattable... Attends ! Laisse-moi réfléchir...

Tempête silencieuse dans le téléphone. Romulus ignore de qui on parle avec cette violence. Il reste là par devoir mais il irait bien déterrer son os de côtelette, amoureusement roulé dans un pli de sa couverture. Et soudain ça repart, là-haut, là-bas. Et sur un ton qui coupe court à toute discussion.

— Allô... Je serai chez toi demain dans la matinée. En auto, évidemment. Un dimanche il y aura pas mal de curieux, dans le coin, mais justement, tu es bien libre de recevoir du monde... J'arriverai après la messe.

— Toi ? A la messe ?

— Parfaitement. Ma mère me voit, de là-haut ! Et je lui ai promis... Bon, ne discutons pas. Je serai chez toi vers 11 heures. J'aperçois une solution possible. Mais tu peux te vanter de foutre tous mes plans par terre !

Déclic de l'appareil qu'on raccroche. G se bourre

une pipe. Il parle tout seul. Il est fâché. Pourquoi va-t-il chercher cet outil qui crache le feu ?

G démaillote le revolver, l'essuie soigneusement, le glisse en différents endroits de sa ceinture, comme s'il cherchait un emplacement discret. Et enfin il rabat son polo sur son pantalon. La bosse de l'arme se remarque à peine. Désormais, G est décidé à riposter à toute attaque.

Elle a dit : « Il est loin. » Qu'est-ce qu'elle en sait ? M. Louis la prévient donc quand il s'éloigne ? Et pourquoi ne serait-il pas dans les environs ? G va fumer une pipe sur le seuil de sa maison. Il observe le chemin forestier où sautille une pie. Peut-être offre-t-il une cible parfaite, sur le fond sombre du vestibule ? Mais M. Louis n'est pas homme à faire un carton à longue distance ! Sa méthode serait plus expéditive ! Un homme à lui passerait en moto, très vite, et au passage balancerait une grenade sur la ferme. Pas besoin d'atteindre les occupants. Le but : causer des dégâts, mettre le feu, établir ainsi un lien entre la découverte du dépôt d'armes et la présence, à proximité du chantier, d'un estivant flanqué d'un chien-loup. Bref, créer une situation si confuse que la police ne saurait plus par quel bout prendre l'enquête. Ce genre de violence, G se rappelait qu'il en avait été le témoin, à Paris ! La grenade ! Le chien mutilé ! Et même cet attentat qui l'avait si profondément marqué, peut-être avait-il été mis au point par M. Louis !

« Où vais-je chercher tout ça, rumine G. Je ne me connaissais pas cette fragilité ! » Mais il se dit aussitôt, pour chasser cette pensée déplaisante : « Patricia, rusée comme je la connais, a sûrement un plan de sauvetage, et qui ne date pas d'hier ! Travailler comme elle l'a fait, pour gagner son indépendance, cela signifie une prévoyance toujours aux aguets et, à la moindre menace, un repli discret sur quelque retraite préparée à l'avance. Elle a eu beau s'emporter, prétendre que tous ses plans étaient par terre, surtout ne pas l'écouter. Elle a toujours été du genre soupe au lait mais sans jamais perdre la tête ! Elle éclate ! Elle injurie ! Elle serait capable de frapper ! Mais sur un fond de calcul, sans jamais dévier. Alors le plus sage est encore de s'en remettre à elle, à condition qu'elle ne passe pas sa hargne sur Romulus. Et encore, cette colère, c'est de la frime. » G ose à peine s'avouer pourquoi ! La vraie raison, la toute vraie raison, c'est qu'elle a conservé pour l'amant de sa jeunesse une sorte de tendresse bourrue, qui se manifestait autrefois par des surnoms moqueurs : « Kid Carabine », « El pistolero », ou encore « Guillaume Tell ». Ce n'est pas maintenant qu'elle va le laisser tomber !

G retrouve un peu de son courage perdu. Il n'a pourtant pas l'habitude de se complaire dans ses souvenirs ! Mais, tout bien pesé, sa liaison avec Pat n'a pas été malheureuse. C'est vrai ! Il lui revient qu'elle ne tolérait pas la contradiction, qu'elle était tout à la fois coureuse et jalouse, qu'elle disait en toute occasion : « Si ma pauvre mère me voyait », et, comme ça, des tas de petits travers qui finissaient par devenir des griefs et conduisaient à des prises de bec furieuses, peut-être même à des coups, mais là, G ne se rappelle pas bien. Non ! pas des coups ! Des menaces : « Si je ne me retenais pas, tiens !... » La bouteille vole ! L'assiette s'écrase. G sourit. C'est tellement loin, tout ça ! C'était l'amour, quoi ! L'amour griffu, qui fait mal ! Il caresse la tête de Romulus. « Tu n'as pas idée ! Elle m'aurait mordu ! tu sais ! quitte à sangloter, à dire " Je suis une pute, mon Georges. Faut pas faire attention ! " Et c'est la même que tu as vue, prudente, réservée, me soupesant pour voir jusqu'où elle peut se compromettre pour moi. Toi, bien entendu, tu ne comptes pas. Il y a des chances, tu paries, pour qu'elle veuille me donner du fric et pour qu'elle nous expédie Dieu sait où, chez des gens à elle, avec mission de nous garder sous clef le temps qu'il faudra. Parce que c'est la guerre, imbécile, avec ta bonne grosse tête qui ne comprend pas encore les choses ! L'adjudant, c'est la guerre ! M. Louis, c'est la guerre ! Moi, mon chien, je suis la guerre ! Oh non ! Je ne mérite pas qu'on me lèche. Rentrons, tiens. Au moins, dedans, on sera à l'abri. »

Le soir se glisse en traître le long des sentiers, et la première chauve-souris passe, en trébuchant, à les frôler.

— Qu'est-ce que je vais lui faire à bouffer ? demande G. Si je l'écoutais, elle choisirait le camembert et du bordeaux. Mais nous devons lui donner l'impression qu'on veut la soigner convenablement. Toi tu n'es pas pour le poisson ! Elle non plus ! Elle voit des arêtes partout.

G ouvre le réfrigérateur et repousse Romulus qui promène un nez fébrile le long des rayons. « Une fricassée de poulet, hein ? Ça ou autre chose, tu sais, ça lui est égal ! Dans le temps, elle fumait en mangeant. Allez ! un plat de charcuterie et du poulet. Sors-toi de là, goinfre ! »

G, dans sa tête, fait encore un tour de piste. N'a-t-il rien oublié ? Non, chaque problème est à sa place, comme ces tabourets sur lesquels on obligeait les lions à s'asseoir et à offrir la patte. Encore une pipe. La dernière. G clôt les volets pour la nuit. Au passage, il ouvre au hasard le petit livre de Langlois.

Bizarre Déité, brune comme les nuits,
Au parfum mélangé de musc et de havane...
Sorcière au flanc d'ébène, enfant des noirs minuits...

« C'est tout à fait elle ! pense-t-il. En moins noir, quand même... Son flanc d'ébène... il doit ressembler, maintenant, à une vieille valise ! »

Il rit et murmure, pour Romulus qui le suit : « Tu seras gentil avec elle, je te prie. Si quelqu'un doit nous tirer d'affaire c'est bien elle. »

Le sommeil se refuse. Il y a un peu d'orage, sur la forêt. De grands éclairs silencieux et de temps en temps, au fond de l'horizon, un grondement qui n'en finit pas, avec des rebonds, des soubresauts qui font tressaillir Romulus. Où se cache M. Louis ? Parce qu'il n'est pas homme à partir en voyage au moment où la pyramide de ses entreprises est en train de se fissurer !

A considérer froidement les choses, c'est Romulus qui est la cause de tout. C'est sa présence imprévue à Châtel qui a fait de la mort de Langlois un crime particulièrement mystérieux. Car on en revient toujours au même point : pourquoi l'avoir fait disparaître, ce chien ? Quelle lumière aurait-il jetée sur toute l'affaire, si on l'avait retrouvé ? Or, on est justement à la veille de le retrouver ! Ça, Patricia l'a clairement compris ! C'est même ce qui l'a décidée à modifier ses projets ! L'orage s'éloigne. Les réflexions de G s'empâtent, se transforment en une glu d'images incohérentes. Sa respiration se confond avec celle de son chien. Quand ils s'éveillent, tous les deux, un grand soleil joyeux retentit partout, tellement la lumière chante. Ils se lèvent. Ils savent — même Romulus — que c'est le matin de Pat, et qu'il faut tenir la maison prête. « J'arriverai après la messe », ça veut dire quoi ? G n'est pas très renseigné. Il écoute sonner les cloches, à Guenrouet. Il prête aussi l'oreille aux bruits du chemin. M. Louis aura beau s'appliquer, G l'entendra approcher. Mais pourquoi M. Louis se manifesterait-il justement ce matin ? Et même, comment saurait-il que cette petite ferme abrite celui qui l'a défié ? L'enquête, pardi ! l'enquête au chantier !... Encore une question à poser à Patricia.

— Toi, dit G à Romulus, qui trottine partout à côté de lui, tu es un chien policier. Toutes ces questions qui me cassent la tête, tu les résous au flair. Il n'y a pas de mystères, pour toi. Il n'y a que des odeurs. Veinard ! Écoute ! Voilà une auto. Amène-toi que je t'attache. Et tâche de ne pas la renifler d'un air dégoûté. Nous allons avoir besoin d'elle.

Côte à côte, sur le seuil, ils attendent. C'est une voiture grise, toute neuve mais pas du genre voyant. Elle descend avec vivacité. Pantalon noir, un peu trop rebondi. Pull-over gris. Pas trop maquillée. Pas trop embijoutée. Désir évident de passer inaperçue.

— Ne reste pas là ! dit-elle. Rentrons.

G s'attarde, examine les environs.

— Tu es sûre qu'il ne t'a pas suivie ?

— Qui ?

— M. Louis !

— Écoute. Tu vas commencer par nous foutre la

paix, avec ton M. Louis. N'aie pas peur. Je ne l'ai pas dans mes bagages !

— Quels bagages ?

— Tu n'as donc rien compris ? On part, mon bonhomme. Allez, marche ! Je vais t'expliquer.

Chapitre 12

Elle laisse G s'emparer de sa valise, mais tient à porter elle-même une superbe sacoche de cuir. Elle se rend directement dans le living, s'assoit lourdement dans le fauteuil, s'évente de la main.

— Tu n'aurais pas un petit quelque chose à boire? dit-elle. Je me sens racornie. Ce n'est pas mal, chez toi. Dommage!

— Quoi dommage?

— Eh bien, dommage de quitter tout ça. Je suis venue te chercher, si tu veux savoir... Un peu de whisky, s'il te plaît...

— C'est lui qui t'envoie? demande G.

Elle rit, de la poitrine, du ventre, de ses dents en or.

— Tu es impayable, mon petit Georges. Alors, tu n'as pas encore compris? Non?... Ton M. Louis... C'est moi!

— Écoute, dit G, si tu es là pour te foutre de moi, tu peux...

Elle l'interrompt en levant son verre.

— Au défunt Louis. Je t'assure qu'il n'a pas pesé lourd! Allez, trinque avec moi et cesse de te ronger les sangs. Non seulement il est mort mais encore, c'est toi qui l'as tué ! Rappelle-toi... Auteuil ! Mallory !... tu l'as déquillé à deux cents mètres... Un coup de maître...

G cherche le coin de la table, s'y accote.

— Monsieur faisait courir, continue-t-elle avec rancune. Monsieur jouait les gentlemen. Pas de ça avec moi, mylord ! Naturellement, tu ne me crois pas ? Bon, bourre ta sale pipe et laisse-moi te raconter.

Elle regarde la minuscule montre qu'elle porte au poignet.

— Dépêchons-nous. Il faut que nous soyons à Nice avant minuit. Et dis à ton chien qu'il cesse de gratter ses puces...

Soudain, câline, elle donne quelques petites tapes d'amitié sur le genou de G.

— Te fâche pas, mon minet. Bien sûr qu'il n'a pas de puces...

Silence. Elle boit lentement son whisky. Puis elle reprend un ton plus bas.

— Si tu permets, je vais résumer, parce que tout ce passé...

Elle fait un rapide signe de croix.

— Ce n'est pas toujours très reluisant. Quand tu m'as connue, je virais ma cuti... de tapineuse je devenais call-girl, et l'argent a commencé à dire oui ! Dans ce cas-là, il faut foncer... pas se laisser mettre un fil à la patte... Et tu as été mon fil à la patte, mon petit Georges. Je t'aimais bien, tu sais. Et même en ce moment, si je ne te gardais pas quelque chose de propre, je ne serais pas ici. Bon ! J'ai tiré de mon côté, j'ai réuni un noyau de filles délurées... Ce que les médecins font aujourd'hui, ces groupements de plusieurs spécialistes qui s'associent pour limiter leurs frais généraux. J'ai été la première à le faire avec des mannequins qui avaient une revanche à prendre, en quelques mois nous avons eu une clientèle triée parmi les plus influents et les plus riches. Aussi tu penses si nous attirions les convoitises. Eh bien, je trouvais quelques gardes du corps décidés et adroits pour nous débarrasser des importuns et c'est comme ça que Louis est devenu mon second. Il a commencé comme contractuel — si tu vois ce que je veux dire — et puis il a été mon homme de confiance, avec bureau, secrétaires, chauffeur et tout... La société d'import-export était née. Mais attention! Nous avions nos directeurs bidons, pour la façade. La réalité du pouvoir, c'était moi. Jusqu'au jour où j'ai compris que c'était lui aussi, qui traitait certaines affaires pour son compte, sans m'en parler. Pas d'hésitation. J'ai tranché dans le vif, et c'est à toi, mon pauvre Georges, que j'ai pensé pour me débarrasser de lui. Encore une goutte, tiens, parce que tous ces souvenirs, ça brûle un peu. Pourquoi toi? Tu veux le savoir? Parce que tu n'étais pas comme les autres. Je t'avais observé, tu penses, depuis que tu travaillais pour nous sans même connaître nos visages. J'avais un faible pour toi, non pas à cause de notre ancienne liaison, mais parce que tu étais un artiste à qui la vie n'avait jamais donné sa chance. Il faut que je continue? Tu es sûr?

— Je t'en prie.

— Le coup d'Auteuil, c'est moi toute seule qui l'ai monté. Personne n'a compris. Personne n'a su que M. Louis venait de disparaître. Chez nous tout était cloisonné comme dans un service d'espionnage.

— Mais... les voix? objecte G, qui est vexé d'avoir été manipulé par cette femme inconnue. Quand j'échangeais quelques mots avec M. Louis, c'était toujours la même voix que j'entendais !

— Oui. Ma voix d'homme. Écoute.

Elle reprend, en émettant une voix grave qui fait sursauter Romulus.

— La voilà, ma voix d'homme ! Tu la reconnais ?

Pour se donner une contenance, G vide sa pipe sur son talon. Il est encore sous le choc de la découverte, mais il ira jusqu'au bout de l'humiliation.

— Langlois ? murmure-t-il. C'était toi ?

— Il le fallait bien ! Louis avait créé une branche politique qui devait faire de lui un marchand d'armes tout-puissant. Mais, bien entendu, à mon insu. Moi, ma spécialité, c'était la branche chantage. Les fonds allaient dans une caisse commune, du moins je le croyais. Jusqu'au jour où j'ai compris qu'il avait l'intention de m'éliminer. J'ai été plus rapide que lui, mais j'ai été obligée de prendre sa suite, car nos affaires ne pouvaient pas être stoppées d'un coup. Il y avait des engagements à honorer.

G lève la main.

— Arrête. Ne me dis pas que tu as laissé faire l'attentat contre le ministre du Burundi. Cette grenade ! Quelle horreur !

— Oui, admet-elle, je sais.

G ne peut plus contenir une brusque montée de colère.

— Non ! s'écrie-t-il. Tu ne sais pas ! J'étais là. Je me préparais à partir pour Châtel et j'ai été tellement bouleversé par ce crime imbécile, contre un chien innocent, que j'ai perdu mes réflexes. Si j'ai seulement blessé Romulus, c'est ta faute. Et tout s'est ensuivi ! Du chien à Langlois, de Langlois à la déconfiture de son entreprise, de cette entreprise aux magouilles découvertes à Bayonne, et, de proche en proche, le scandale des Scieries du Morbihan...

— Ça va ! coupe Patricia, et sa voix de commandement vient de lui échapper. Ça va ! C'est justement parce que tout s'écroule que je viens te chercher.

Le ton de la discussion s'est envenimé. Romulus s'énerve. Elle change encore de voix. Sans effort, elle joue un nouveau personnage.

— Maintenant que l'on peut, grâce à des O.P.A. bien conduites, obtenir sans risque les mêmes résultats que par le chantage et la suppression des gêneurs, je ne vois pas pourquoi on continuerait à vivre comme avant. J'ai donc remercié tous mes collaborateurs — il n'y en avait pas tellement : des dactylos, des contractuels, des gens sans histoire. Avec une bonne indemnité, ils disparaissent sans laisser de traces. J'ai gardé un avocat qui connaît par cœur tous les détours du code, et, pour s'occuper des filles, une grande bringue qui a vieilli dans le métier. Si je veux, je peux recommencer ailleurs. Ce qui a coulé Louis, c'est sa folie des grandeurs... un personnel qui le grugeait, un train de vie qui allait sûrement alerter le fisc, un jour ou l'autre... Et puis il bâclait. Dans notre spécialité, on ne peut se permettre d'improviser. Il lui fallait des résultats juteux, tout de suite. Il tolérait autour de lui des individus qui lui montaient le coup contre moi. Je m'attendais au pire. C'est pourquoi, quand tu es venu à Nantes, j'ai cru que c'était pour me régler mon compte. Il avait laissé derrière lui des complices prêts à prendre sa succession. Tout ça me rend malade, mon petit Georges. Et moi qui t'accueillais avec un revolver sous l'oreiller !

Elle passe la main sous son pull-over et ramène un automatique.

— Le voilà, tiens !

Elle le pose sur la table.

— Et patati et patata, dit-elle, en haussant les épaules. Je pourrais t'en raconter comme ça jusqu'à demain. Mais j'en ai marre. Ou bien je prends ma retraite à Milan, où j'ai des amis, ou bien toi et moi on remonte une affaire, mais tout ce qu'il y a de plus régulier. Ouvre ma valise... Allez, ouvre...

G s'énerve sur les serrures. Romulus, d'un museau diligent, seconde ses efforts. La valise s'ouvre et G, immobile, regarde.

— Tu sais combien il y a, là-dedans ? demande-t-elle. Dix millions. De quoi repartir. Plus tard, nous irons à Genève nous ravitailler. J'ai un compte à numéro, là-bas. Alors ? Qu'est-ce que tu en dis ?

Elle se lève, allume une Craven et tire sur son pantalon qui la gêne.

— Je voudrais..., commence-t-il.

Elle lui souffle au visage un jet de fumée.

— Non ! s'écrie-t-elle. Les objections, j'en ai ma claque. Tu penses bien que j'ai tout envisagé. Tu boucles ta ferme ou tu la donnes à louer... On verra. Et puis nous filons tous les deux...

— Tous les trois ! dit G doucement.

— Quoi, tous les trois ?

— On l'emmène.

— Ah ! ça, jamais de la vie ! Une bête qui nous a fait tant d'ennuis.

Elle marche rageusement à travers la pièce et Romulus, un pli entre les yeux, la surveille avec inquiétude.

— C'est nous deux ou rien ! conclut G.

— Oh ! mais vous commencez à me courir ! lance-t-elle de sa voix autoritaire, et cette fois Romulus retient un court aboiement de gorge.

— J'abandonne, dit G. Moi aussi, je suis fatigué.

— Tu as besoin qu'on te reprenne en main !

— Ça suffit !

Elle a réussi à faire sortir G de ses gonds, et cette fois Romulus prend parti. Il gronde.

— C'est qu'il me sauterait dessus, ricane Patricia.

Elle s'empare de son automatique et vise le chien.

— Attention ! crie G.

C'est déjà trop tard. Romulus lui a sauté au ventre. Elle tire. Un hurlement. Le chien s'abat. G s'est jeté sur elle. Il y a une courte empoignade. Un nouveau coup de feu, et c'est Patricia qui s'affaisse. Hors d'haleine, G regarde l'arme qui fume dans sa main. Il ne sait plus, entre les deux corps, ce qu'il doit faire.

— Je suis foutue ! chuchote-t-elle. Je veux un prêtre.

Un prêtre ! G, indigné, est sur le point de s'écrier : « Sans blague ! » Mais il se rappelle que Pat a conservé des habitudes de piété. Oui, il veut bien téléphoner à Guenrouet... tout à l'heure. Romulus d'abord. Il court chercher sa trousse et soudain le sentiment de son impuissance l'accable. Visiblement, le chien est perdu. Il respire avec difficulté mais sans se plaindre. Les yeux ouverts, il essaie de tourner vers son maître un regard qui se ternit. G lui caresse le front, la joue, lui parle tout bas pour qu'il entende jusqu'au bout la voix aimée...

— Mon chien... je n'ai pas honte... je tiens ta

patte... Tu as mal, hein ? Pas tant que moi ! Moi aussi, je suis mort. Là... C'est fini. Adieu, mon Romulus...

Il n'a jamais fermé les yeux d'un mort. Il s'y reprend à plusieurs fois. Sous les paupières qui ont tendance à se relever, les prunelles brillent d'un dernier éclat et G est obligé de prier, très bas... « Laisse-toi faire. Dors. Oublie. Là, mon chien, mon ami. » Patricia gémit toujours. Il a envie de la rudoyer. Un prêtre ! Je vais t'en foutre !

Cependant, il téléphone à la sacristie. Il est tout enroué de larmes retenues.

— Allô... c'est pour une confession... Oui, une personne en danger de mort... La petite ferme, en face du chemin forestier... C'est ça... Je vous attends...

Que faire, maintenant ? Porter Romulus sur sa litière. Il réalise, en soulevant le chien, à quel point tout est fini, la tête pend, les pattes ballottent, le corps n'est plus qu'une masse molle. Il dépose le cadavre sur sa couverture, l'installe pour lui donner l'apparence du sommeil, les oreilles bien à plat, la queue bien rangée, la poitrine convenablement essuyée. Oui. Il dort.

A l'autre, maintenant, par la faute de qui tout est arrivé. Elle appelle. Elle murmure : pardon ! Il est bien temps ! G la contemple de haut, effondrée, ridicule avec ses brillants aux oreilles et sa petite croix d'or au creux des seins. Tout le mal qu'elle a pu faire ! Et le curé lui donnera l'absolution ! Trop facile ! Alors que Romulus, qui est l'innocence même... Mais est-ce qu'on donne l'absolution aux bêtes ? Comment les choses se passaient-elles autrefois, au cirque ? Il a oublié. Et pourtant Dieu sait si on les aimait, les animaux ! Et tout le personnel, en convoi, les accompagnait à la fosse ! Et c'était bien sans doute. Mais pas assez...

Le hoquet de la mobylette. Voilà le prêtre, un petit jeune, barbu, vêtu d'un jean délavé et d'un tricot boutonné sur l'épaule. Un accident ? Il veut bien. On nettoie un revolver et le coup part. « Aidez-moi... » On soulève le buste de la mourante. Elle essaie de parler. Le petit curé se penche, l'oreille contre la bouche de la blessée. Il a beau dire « Plus fort », les paroles sont inaudibles. Il insiste un peu, par acquit de conscience, puis se relève. Il n'entendra jamais la confidence de tant de choses abominables. Un genou à terre, il chuchote des phrases rapides, entrecoupées de signes de croix, puis il regarde l'heure, à son poignet, et dit pour s'excuser :

— Je dois m'occuper de plusieurs paroisses.

G le retient.

— Il y a encore quelqu'un, à côté !

Le petit prêtre s'étonne, mais consent à suivre G dans la pièce voisine.

Il s'arrête, saisi, devant le corps du chien.

— Oui, fait-il machinalement, je vois. C'est un chien.

— Non ! corrige G. C'est mon chien. Il a droit, lui aussi, à une prière.

Le prêtre s'effare.

— Vous n'y pensez pas, dit-il. On ne prie pas pour les bêtes.

— Pourquoi ?

— Eh bien parce qu'elles n'ont pas d'âme.

— Qu'est-ce que vous en savez ?

— Ce n'est pas le moment d'en discuter, proteste le prêtre. Je comprends votre chagrin. C'est pour vous, mon pauvre ami, qu'il faut prier. Moi, je ne peux rien. Je dois m'en tenir à la règle.

Ils se mesurent du regard et G s'incline, mais il ajoute :

— Moi, monsieur le Curé, je vous l'affirme, mon chien a une âme. Je vous plains.

Et il accompagne en silence le prêtre jusqu'à la route. Il ne se connaît plus. Rien n'a plus de sens. Il rentre dans la maison. Il doit s'appuyer aux meubles. Cependant il a encore la force de téléphoner à la gendarmerie. Il donne son adresse.

— C'est pour quelqu'un qui va mourir ! dit-il.

Il raccroche, prend l'automatique sur le parquet et passe dans la cuisine. Il s'approche de son chien, s'agenouille, le caresse, appuie son front sur le flanc encore tiède.

— On t'a repoussé de partout, dit-il. Et moi aussi. Mais tu m'as choisi, et moi aussi je t'ai choisi. Alors, il n'est pas question de se quitter. Où tu vas, je vais, parce que je t'aime. Attends-moi, mon Romulus.

Du bout des doigts, il cherche la bonne place, sur sa poitrine. Il tire et son sang se mêle à celui du chien-loup.

DES MÊMES AUTEURS

Aux Éditions Gallimard

Dans la collection Folio Junior

SANS-ATOUT CONTRE L'HOMME À LA DAGUE. *Illustrations de Daniel Ceppi, n° 180*

SANS-ATOUT ET LE CHEVAL FANTÔME. *Illustrations de Daniel Ceppi, Paul Hogarth et Gilles Scheid, n° 476* (édition spéciale)

LES PISTOLETS DE SANS-ATOUT. *Illustrations de Daniel Ceppi, n° 523*

Aux Éditions Denoël

CELLE QUI N'ÉTAIT PLUS, *dont H. G. Clouzot a tiré son film* Les Diaboliques

LES LOUVES, *porté à l'écran par Luis Saslavsky et remake par la S.F.P.*

D'ENTRE LES MORTS, *dont A. Hitchcock a tiré son film* Sueurs froides

LE MAUVAIS ŒIL

LES VISAGES DE L'OMBRE, *porté à l'écran par David Easy*

À CŒUR PERDU, *dont Étienne Périer a tiré son film* Meurtre en 45 tours

LES MAGICIENNES, *porté à l'écran par Serge Friedman*

L'INGÉNIEUR AIMAIT TROP LES CHIFFRES

MALÉFICES, *porté à l'écran par Henri Decoin*

MALDONNE, *porté à l'écran par Sergio Gobbi*

LES VICTIMES

LE TRAIN BLEU S'ARRÊTE TREIZE FOIS *(Nouvelles)*

... ET MON TOUT EST UN HOMME *(Prix de l'Humour Noir 1965)*

LA MORT A DIT PEUT-ÊTRE

LA PORTE DU LARGE *(Téléfilm)*

DELIRIUM

LES VEUFS

LA VIE EN MIETTES

MANIGANCES *(Nouvelles)*

OPÉRATION PRIMEVÈRE *(Téléfilm)*

FRÈRE JUDAS

LA TENAILLE

LA LÈPRE

L'ÂGE BÊTE *(Téléfilm)*

CARTE VERMEIL *(Téléfilm)*

LES INTOUCHABLES

TERMINUS

BOX-OFFICE

MAMIE

LES EAUX DORMANTES

LE CONTRAT

À la Librairie des Champs-Élysées

LE SECRET D'EUNERVILLE

LA POUDRIÈRE

LE SECOND VISAGE D'ARSÈNE LUPIN

LA JUSTICE D'ARSÈNE LUPIN

LE SERMENT D'ARSÈNE LUPIN

Aux Presses Universitaires de France

LE ROMAN POLICIER *(Coll. Que sais-je ?)*

Aux Éditions Payot

LE ROMAN POLICIER *(épuisé)*

Aux Éditions Hatier — G.-T. Rageot

SANS-ATOUT ET LE CHEVAL FANTÔME

SANS-ATOUT CONTRE L'HOMME À LA DAGUE

LES PISTOLETS DE SANS-ATOUT *(romans policiers pour la jeunesse)*

DANS LA GUEULE DU LOUP

L'INVISIBLE AGRESSEUR

COLLECTION FOLIO

Dernières parutions

2105.	Euripide	*Tragédies complètes*, tome II.
2106.	Dickens	*Un conte de deux villes.*
2107.	James Morris	*Visa pour Venise.*
2108.	Daniel Boulanger	*La dame de cœur.*
2109.	Pierre Jean Jouve	*Vagadu.*
2110.	François-Olivier Rousseau	*Sébastien Doré.*
2111.	Roger Nimier	*D'Artagnan amoureux.*
2112.	L.-F. Céline	*Guignol's band, I. Guignol's band, II (Le pont de Londres).*
2113.	Carlos Fuentes	*Terra Nostra*, tome II.
2114.	Zoé Oldenbourg	*Les Amours égarées.*
2115.	Paule Constant	*Propriété privée.*
2116.	Emmanuel Carrère	*Hors d'atteinte ?*
2117.	Robert Mallet	*Ellynn.*
2118.	William R. Burnett	*Quand la ville dort.*
2119.	Pierre Magnan	*Le sang des Atrides.*
2120.	Pierre Loti	*Ramuntcho.*
2121.	Annie Ernaux	*Une femme.*
2122.	Peter Handke	*Histoire d'enfant.*
2123.	Christine Aventin	*Le cœur en poche.*
2124.	Patrick Grainville	*La lisière.*
2125.	Carlos Fuentes	*Le vieux gringo.*
2126.	Muriel Spark	*Les célibataires.*
2127.	Raymond Queneau	*Contes et propos.*
2128.	Ed McBain	*Branle-bas au 87.*

2129. Ismaïl Kadaré — *Le grand hiver.*
2130. Hérodote — *L'Enquête,* livres V à IX.
2131. Salvatore Satta — *Le jour du jugement.*
2132. D. Belloc — *Suzanne.*
2133. Jean Vautrin — *Dix-huit tentatives pour devenir un saint.*
2134. Truman Capote — *Musique pour caméléon.*
2135. Sempé — *De bon matin.*
2136. Marguerite Duras — *Le square.*
2137. Mario Vargas Llosa — *Pantaleón et les Visiteuses.*
2138. Raymond Carver — *Les trois roses jaunes.*
2139. Marcel Proust — *Albertine disparue.*
2140. Henri Bosco — *Tante Martine.*
2141. David Goodis — *Les pieds dans les nuages.*
2142. Louis Calaferte — *Septentrion.*
2143. Pierre Assouline — *Albert Londres.*
2144. Jacques Perry — *Alcool vert.*
2145. Groucho Marx — *Correspondance.*
2146. Cavanna — *Le saviez-vous ? (Le petit Cavanna illustré).*
2147. Louis Guilloux — *Coco perdu (Essai de voix).*
2148. J. M. G. Le Clézio — *La ronde (et autres faits divers).*
2149. Jean Tardieu — *La comédie de la comédie* suivi de *La comédie des arts* et de *Poèmes à jouer.*
2150. Claude Roy — *L'ami lointain.*
2151. William Irish — *J'ai vu rouge.*
2152. David Saul — *Paradis Blues.*
2153. Guy de Maupassant — *Le rosier de Madame Husson.*
2154. Guilleragues — *Lettres portugaises.*
2155. Eugène Dabit — *L'Hôtel du Nord.*
2156. François Jacob — *La statue intérieure.*
2157. Michel Déon — *Je ne veux jamais l'oublier.*
2158. Remo Forlani — *Tous les chats ne sont pas en peluche.*
2159. Paula Jacques — *L'héritage de tante Carlotta.*
2161. Marguerite Yourcenar — *Quoi ? L'Éternité (Le labyrinthe du monde, III).*
2162. Claudio Magris — *Danube.*

2163.	Richard Matheson	*Les seins de glace.*
2164.	Emilio Tadini	*La longue nuit.*
2165.	Saint-Simon	*Mémoires.*
2166.	François Blanchot	*Le chevalier sur le fleuve.*
2167.	Didier Daeninckx	*La mort n'oublie personne.*
2168.	Florence Delay	*Riche et légère.*
2169.	Philippe Labro	*Un été dans l'Ouest.*
2170.	Pascal Lainé	*Les petites égarées.*
2171.	Eugène Nicole	*L'Œuvre des mers.*
2172.	Maurice Rheims	*Les greniers de Sienne.*
2173.	Herta Müller	*L'Homme est un grand faisan sur terre.*
2174.	Henry Fielding	*Histoire de Tom Jones, enfant trouvé, I.*
2175.	Henry Fielding	*Histoire de Tom Jones, enfant trouvé, II.*
2176.	Jim Thompson	*Cent mètres de silence.*
2177.	John Le Carré	*Chandelles noires.*
2178.	John Le Carré	*L'appel du mort.*
2179.	J. G. Ballard	*Empire du Soleil.*

Impression Bussière à Saint-Amand (Cher),
le 24 août 1990.
Dépôt légal : août 1990.
Numéro d'imprimeur : 1399.

ISBN 2-07-038270-2./Imprimé en France
Précédemment publié par les éditions Denoël
ISBN 2-207-23522-X

49412